中堅手《センター》論

赤星憲広

ワニブックス
PLUS 新書

はじめに

アマチュア時代には「このピッチャーはこういうピッチングをするから、あのバッターはああいうバッティングをするだろう」ということで、ポジショニング（前もって適切な守備位置につくこと）を決めていた。

プロ入り後、阪神タイガースを当時率いていた野村克也監督の「配球を読む」という教えは、「キャッチャーが何を考えてリードするか」を考えること。深さがもう一段階加わった。

僕の現役時代、キャッチャー・矢野燿大《あきひろ》さんが何を考えてリードしているのかを考えると、おのずとそれに伴うポジショニングを取っている自分がいた。

「配球を読む」ことが打撃に活かされたのはもちろんだが、守備と走塁に活かされた部分がすごく多かった。

守備に関して、ベンチから僕に指示はほぼ出されなかった。

「赤星、任せたぞ。両サイド（レフト、ライト）にも指示を出してやってくれ」

「わかりました。僕はこう守るので、先輩がた、よろしくお願いします」

任された分、「ポジショニング」は自分ですごく考えながらやっていた。だから、「脚力があるから捕れた」と言われるのがすごくイヤだった。心の中でこう叫んでいた。

「最初に守っていた位置が良いから、打球に追いつけたんだよ」

僕のポリシーは「一番のファインプレーはダイビングせずに打球を捕ること」。でも、実際にはダイビングキャッチはよくやった。最後、ダイブを試みてのケガ（中心性脊髄損傷）が引退の引き金になってしまったという事実もあるのだが……。

忘れもしない09年9月12日の横浜戦（甲子園）。

思えば前年の08年は2位に最大13ゲーム差をつけながら、北京五輪を境に失速。巨人に逆転優勝を許し、岡田彰布《あきのぶ》監督は退陣した。

真弓明信監督が就任したこの年、阪神はシーズン序盤から苦しんだ。残り22試合時点のあの日、3位タイ。クライマックスシリーズ出場に向けて落とせない戦いが続いていた。

0対0で迎えた3回表、二死満塁。バッターは前年度に・378の右打者最高打率で首位打者に輝いた内川聖一選手（当時・横浜→ソフトバンク→ヤクルト）。ピッチャーは僕と同級生（76年生まれ）の福原忍、キャッチャーが僕と同期（01年入団）の狩野恵輔。バッテリーは僕と気心が知れた仲。福原が内川選手にどういうボールを投げたいか、狩野が内川選手にどういう配球をするかを考えた。

（勝負球は絶対アウトコースのスライダーだ。内川君は足の状態が良くないから左中間に強く引っ張れないだろう。とはいえ、右打ちがもともと上手い。右中間に守ろう。もう一歩ライト寄りか。いやミートに徹し、おっつけてセンター前に落とすかもしれない）

カウント1ボール2ストライクからの4球目、読み通り打球は右中間を襲った。しかし、思いのほか打球がスライスしてライト方向に切れていく。

（絶対捕る！）

思わずダイブしていた。

（ああっ、届かない……）


結果的にこのダイブの衝撃が、選手生命を失う文字通りの致命傷となってしまった。しかし、選手の本能として打球に飛び込んだことは後悔していない。大ケガに至ったことも後悔していない。

でも、迷った挙句、あと一歩ライトに寄れなかった。寄っていたら捕れたのに……。

なぜか、あのダイブのシーンがいまもときどき夢に出る。

「あと一歩」の後悔を、どこかで引きずっているのだろう。プロの世界では、バッターが打ってからの反応だけでは、打球に追いつけないことがある。

だからこそ「ポジショニングの重要性」を、この本を作っていく上で、野球をしている選手に伝えていきたい。

アマチュアでも、最初にバッターが打ってからでないと動けない選手が意外と多い。
でも、指示されなくても準備しておく「ポジショニング」が本当はすごく重要なのだ。

目次

第2章 プロ選手の事例〜あの選手はここがすごかった!

第3章　外野手の基本……65

第4章 実はここまでやっている 外野手の技術

第5章　外野手としての工夫とトレーニング……155

第1章　センターとの出会い

01「ポジショニング」を意識する理由

刈谷南中学校時代、1学年先輩の鬼頭健介さん（のちの巨人トレーナー）がピッチャーとショートを兼務していた。

僕がショートにこだわりを持っていたのは、あの人への憧れ。いまの大谷翔平君（日本ハム→エンゼルス）のような投打「二刀流」ではないけれど、チームの中で勝敗のカギを握る選手がピッチャーやショートをやるものだ。

鬼頭先輩がピッチャーのときは僕がショートで、僕がピッチャーのときは鬼頭先輩がショートの「二刀流」。2人でポジションをチェンジしていた。

そして高校野球。最近でこそ勢力地図が変わりつつあるが、愛知県内には、ちまたで呼ばれる「私学4強」がある。そこに公立校が絡んでいくという構図だ。僕は「甲子園に行くために私学4強に進学する」方法をとりたくなくて、県立の大府高に進学した。

ちなみに愛知県における私学4強とは、次の高校だ。
・中京大中京高＝甲子園優勝11度、OB稲葉篤紀（ヤクルト→日本ハム）ほか
・東邦高　＝甲子園優勝5度、OB山倉和博（巨人）ほか
・愛工大名電高＝甲子園優勝1度、OBイチロー（オリックス→メジャー）ほか
・享栄高　＝甲子園出場19度、OB金田正一（国鉄→巨人）ほか

大府高の野球部では、練習終了前に6チームに分かれてのリレーがあった。罰ゲームで、4位から6位のチームは練習後にグラウンド整備をする。

「おい赤星、オマエ、足に超自信あるんだろ。アンカー走れや」

「わかりました。大丈夫です」

しかし、衝撃的な出来事だった。3年生ならまだしも、2年生3人に抜かれた。

僕の1学年上のエースで四番・宮川修先輩を軸にして、翌93年、大府高は81年槙原寛己先輩（巨人）以来のセンバツ甲子園出場を果たすのである。

その時僕は高2でセカンド、翌高3春は中心選手のショートとして2年連続甲子園の土を踏んだ。監督は、槙原さんと高校時代バッテリーを組んでいた馬場茂さん。後述するが、この「高校時代のポジション」であるショートが、外野手のポジショニングに多大な影響を与えることになる。

「内野手から転向した外野手」の特徴がある。

外野だけをずっと守ってきた選手には、右か左に多少寄るかくらいで、「あと一歩動こう。もう一歩前に出よう」というこだわりを持つ人は、あまり存在しない。

だが、内野手は打者から近くて打球が速い。あらかじめポジショニングを意識しないと、打球処理が間に合わないケースが出てくる。だから、**「内野手から転向した外野手」は、この「あと一歩、もう一歩」が守備に表れるのだ。**

阪神時代、セカンドに関本賢太郎という内野手がいた。

守備範囲はすごく狭かったが、実は僕が一緒にプレーしてきた選手で一番すごい選手だと思っている。体は大きいが機敏、打球を捕ったらほぼ悪送球はない。短く持ったバットでホームランを叩き込む。そうかと思えば巧みな右打ち。俊足だったら完璧だったのに……（笑）。

だが、関本選手を後ろ（外野）から見ていると、「動く」のだ。守備範囲が狭いのを自覚しているから、ポジショニングでカバーして、自分の能力で追いつける範囲の打球は絶対に捕る。その気概と工夫が見て取れた。

プロの選手でも内野から外野へコンバートされた選手に多いが、**元内野手ゆえの「ポジショニング（守る位置）に対するこだわり」をすごく感じるのだ。**

02 悩まされた「イップス」

外野手にコンバートされた理由は2つある。

ひとつは送球に対する不安。高3のセンバツ甲子園で悪送球をして、いわゆるイップス（編集部注／プレッシャーによる極度な緊張で、思い通りのパフォーマンスを発揮できない症状）の手前。送球で加減することがあった。

亜細亜大学に入学した年の秋、僕はサードでレギュラーを獲得した。しかし明治神宮大会の東亜大戦、僕の悪送球で負けてしまった。ボテボテのサードゴロが飛んできて、ジャンピングスローした一塁送球がショートバウンド、タイムリーエラーになった。0対1。

「先輩がた、申し訳ありません」

「ああ、いいよいいよ。これで早く終わって帰れるから」

慰めの言葉が、ときには重荷になるものだ。

高校時代の悪送球の記憶――上下関係の厳しい大学の先輩たちに対しての送球にも、知らぬ間にメンタル的影響を及ぼしていたのかもしれない。何かのはずみで、いつ投げられなくなってもおかしくない状態だった。しかし、当時の僕は外野に行きたいとか、これっぽっちも思っていなかった。

なぜならショート・高橋賢司さん、セカンド・井端弘和さん（↓中日）、ファースト・

福井さんの「内野トライアングル」と、センター・飯塚智広さん（NTT東日本＝00年シドニー五輪出場）。1年春からレギュラーで出ていた2年生4人に勝つのは不可能に等しい。僕はこの時、まだサードのレギュラーポジションを死守するつもりだったのだ。

もうひとつの理由は、2年秋のリーグ戦開幕まであと2週間に迫ったとき、ライトを守っていたレギュラーがアキレス腱を負傷した。

「赤星、ライト行け！」

（え、オレ、サード、クビ？）

しかし、くよくよ考えている暇はない。センターの飯塚さんに、外野手の「いろは」を尋ねた。

「大丈夫、心配するな。オレとセカンドの井端がカバーするから」

突貫工事の急造外野手に、毎日ノックの雨が降った。

「赤星がプロに行くんだったら内野じゃ無理だ。どこかのタイミングで外野にコンバートしてあげたほうが、いずれプロへのチャンスがあったとき、赤星のためになる」

あとで聞いた内田俊雄監督の親心。当時、そんなことは知るよしもない。

03 太陽がまぶしくてボールが見えない!

外野手としてのデビュー戦。東都大学野球連盟が使用する神宮球場では、春と秋で太陽の位置が違う。秋はライトの守備位置から太陽が真正面になる。太陽光線がまぶしくて前がまったく見えない。

案の定、やらかした。ライトに飛んできた打球を見失い、スルー。

(しまった！　打球はどこだ……え、でも誰か通った?)

フェンスに当たってライト線に転がる打球を処理したのは、なんとセカンド・井端さんだった。セカンドだから、太陽光線で僕が打球を見失うのをお見通しだったのだろう。打球をスルーした瞬間、井端さんがライトの僕を猛スピードで通過していた。完全な三塁打のはずが、バッターランナーは二塁でストップ。三塁まで進めなかった。

よりによって大事なリーグ戦1試合目で、いきなりそんなライナーが飛んできた。外野手としての洗礼としか思えなかった。

だが、のちに外野手として生きた自分を考えると、**ある意味、「外野手としてのはじめの一歩」を刻んだ意義深い打球だったように思う。**

それはともかく、自分のミスは棚に上げて、井端さんのプレーに僕は感心しきり。その打球以外でも、相手バッターの振り出しの速さ・バットの角度を見てはじき出す「洞察力」と「ポジショニング」が傑出していた。

（まさに神だ。こういう人がプロに行くんだなあ……）

井端さんはプロで「遊撃ゴールデングラブ賞」7度、通算1912安打。

ご存じないかたも多いだろうが、大学4年間でショートは一度も守っていない。だから僕の中では「セカンド・井端」のイメージが強い。

中日のセカンド・荒木雅博選手とショート・井端弘和選手の二遊間で「アライバ」。一度ひっくり返したときは周囲で賛否両論があったが、僕の中では「セカンド・井端」

のほうが絶対的にしっくりきていた（笑）。

余談だが、僕は外野手用グラブを持っていなかったので、同期で1年生春から四番を打っていたレフト・山田晋平（→三菱重工広島）に1個もらった。彼は生意気にも（笑）当時からSSKに用具を提供されていた。


飯塚さんが卒業し、僕は4年生になって晴れてセンターを守った。

「外野をやるならセンターをやりたい！」

「センターを極めたい！」

「飯塚さんを抜きたい！」

熱き思いは4年秋に結実した。下級生の活躍もあり、喜ばしいことに明治神宮大会を制して日本一、有終の美を飾った。

前年の97年、近大は僕と同じ3年・二岡智宏選手（巨人→日本ハム）を擁して、日本選手権（春）・明治神宮大会（秋）を連覇していた。先輩が成し得なかった近大の高く険しい牙城をついに崩したのだ。

04 内野手の「捕球→送球」の早さを外野守備に採り入れる

大学卒業時、プロ入りはならなかったが、実に社会人野球11チームがお誘いをくださった。お世話になったのはJR東日本。当時の社長から尋ねられた。

「赤星君、引く手あまただったのに、なぜウチを選んでくれたのですか」

「野球部が弱いからです。それに会社は潰れなさそうですし」

「それはストレートな物言いですね（苦笑）」

「いえ社長。そういうチームに貢献して、都市対抗に出られたら男として夢があります。それに8年間、都市対抗に出ていませんが、いいメンバーがそろっています」

ちょうど、中野真一・新監督が就任した年だった。

「おい赤星、社長から聞いたぞ。ウチを都市対抗に導くために入ったんだろ。なら、オレの言うこと聞け。外野に加え、あしたからショートも守れ」

「なぜですか？　僕はある意味、ショートはクビになっているんですよ」

「このチームを変えるには、負けグセがついたショートのキャプテンの意識改革をしないとダメなんだ。赤星がショートも守ることで、危機感と刺激を与えるのさ」


野球部の諸先輩がたへの、僕の自己紹介と所信表明。

「僕が来たんで都市対抗に出られます。僕は実力と運を併せ持っていますから」

中野監督のノックを、内外野両方でひたすら受ける毎日が始まった。

1年目の都市対抗予選、プリンスホテル戦と朝日生命戦はショートのスタメンで出た。当時の社会人野球は木製バットではなく、まだ金属バットを使用していた。打球スピードが半端ではなく、正直もう怖くてたまらなかった（苦笑）。

僕がショートでスタメン出場、7回から僕がセンターに回り、キャプテンがショートに入る。

（赤星の野郎、クソ生意気だと思ったが、なかなかやるじゃねえか）

チームの雰囲気は確実に変わっていった。そして9年ぶり都市対抗出場の美酒に酔ったのだ。いま思えば、ドラマチックだ。

そして僕が何を言わんとするか。大学時代に外野に行って内野を離れ、再び内野に戻った。内野の「ショートスロー」の大事さを改めて実感した。その経験、発想がのちにすごく生きた。

要は、外野で「肩の強さを見せたい」という意識が出て、大きなフォームで強い球を投げることを優先させていた。しかし「捕ってからすぐ投げるほうが絶対アウトにできる率が高まるな」という結論に行き着いたのだ。

05 「捕ってから早く投げる」のに見合うグラブを選ぶ

「捕ってから早く投げる」ために、グラブへのこだわりが生まれた。

再び内野手用グラブを使い始めたので、外野手用グラブが大きくて捕りにくく感じていた。外野手用グラブは、手を伸ばして打球を捕るから大きいほうがいいとみんな思っているようだが、考えてみたら別に大きなグラブである必要はない。

だから僕は、プロ入りしてからもグラブは小さくて短かった。内野手用よりは大きいけれど、外野手用にしては小さなグラブを使っていた。

もう一つ。捕ってから早く投げようというときに、グラブのポケット（ボールが入りやすい空間）があまり深いと投げる手に持ち替えるのに、取り出すまでに時間がかかる。だから、僕のグラブはポケットが浅めだった。

捕ってから誰よりも早く投げれば、肩が強い選手たちと勝負しても勝てる。もちろんステップは、内野手のステップのほうが速い。社会人野球で経験したショートのステップが、ここで生きるわけだ。

この「グラブへのこだわり」が、プロでゴールデングラブ賞6度の名外野手の守備につながっていく。

06 スパイクと守備は連動している

社会人時代に出場したシドニー五輪（00年）は、大田垣耕造監督（東芝）がチームを率いた。僕はメンバー最後の「26番目の男」と呼ばれていた。

メンバー選出で、最後の1人を選ぶとき、監督の色が出る。チームを強固にするために、どんなピースをはめ込むか。守備固めだとか、代打の切り札とか、代走のスペシャリストだとか。

「もう絶対に代走が必要だ。しかも赤星の場合は外野も守れる」（大田垣監督）

シドニー五輪は、日本野球史上唯一の「プロ・アマ合同」チームだった。黒木知宏さん（ロッテ）や松坂大輔（西武）らがプロから参加してくれた。

一方、活躍できるかもわからない僕らのようなアマチュア選手に対し、有名大手スポーツメーカーは、けんもほろろ。そんな折、ゼット（ＺＥＴＴ）がグラブやバットをケアしてくれたときの感激はいかばかりか。

あの一件で、さらに野球用具への「こだわり」が募ったものだ。

僕のプロ1年目、阪神は「スパイクは全員アシックス使用」の決まりがあった。社会人野球時代の僕はもともとアシックス派。「軽さ」といい「フィット感」といい、さすが陸上競技のノウハウを有するシューズメーカーであることを随所に実感できる逸品だった。

プロ2年目の02年、チームのメーカー指定の縛りが突如解かれた。僕はゼットのスパイクを履いたが、これがアシックスと雲泥の差。

「いや最悪や。マジでヤバい。オレ、これじゃ盗塁王を獲れねぇぞ……」

2年連続盗塁王こそ死守したものの、ケガもあって盗塁数は39個から26個に激減。ハッキリ言ってゼットのせいだ（笑）。現在は絶大な信頼関係があるが、冗談抜きで当時のゼットのスパイクの状態は悲しいものがあった。

そこにシューズに定評のある2社から、アドバイザー契約のお誘いが舞い込んだ。

「お声がけは天にも昇る思いです。ただ、シドニー五輪のときの恩義は、盗塁王やおカネには代えられないんです。いえ、ゼットさんしか使いません」

後ろ髪を引かれる思いだったが、丁重にお断りさせていただいた。結局、引退するまで、よそのメーカーの用具を一度も使っていない。

（こうなったら、いつか引退するとき、「やっぱり赤星が使っているからゼットのスパイクすごく良くなったよね」ってみんなに言わせたい）

それだけにプロ3年目からの盗塁王は、僕の意地を凝縮させた証だった。

なぜこんなにもスパイクの話に「脱線」したのか。それはスパイクと守備が連動しているからだ。スパイクの履き心地がよければ、すなわち打球を追う1歩目も踏み出しやすいということだ。

「ゼットさんのグラブはすごく良い。素朴な疑問なんですが、そのこだわりをなぜスパイクに注力しなかったのですか？」

「グラブ職人は、引き抜いたり移籍してもらったりしたが、スパイクに関しては正直そこまでのこだわりを持っていませんでした。本当に申し訳ない。だから、協力してみんなが履きたくなるような良いスパイクを作っていきましょうよ」

僕が引退する少し前、07年くらいから、ゼットのグラブを使っている選手がそのままスパイクも履いてくれるようになり始めた。シーズンオフの表彰式で耳にした声は嬉しかった。

「ゼットのスパイク、最近すごく良くなったと思わない？　何でだろう」

07 グラブは「最初の型」が大事

ゼットのグラブ。もともと皮が上質だし、出来上がりの最初の型がすごく良い。グラブの最初の型作りは、ミズノさんも久保田スラッガーさんも定評あるが、ゼットは図抜けている。

グラブの型は、使っていても自分の理想になかなか近づかない。僕はグラブの大きさ

にこだわりを持っていたのと、深すぎない浅いポケット。要は「長さ」と「深さ」。だから、その最初の型が自分の理想に近くないと、僕の場合その時点でもうＮＧなのだ。

既製品のグラブをアマチュアの選手たちが購入するにあたり、スポーツ用品店の店頭に並んでいるときの型、はめてみてのフィット感はすごく大事だと思う。

ゼットのグラブは、いろいろなところが動かせる。一方で、他社さんのグラブは実際に手にはめてみて「なぜこんなはめ心地がよくない型の物を店頭に置いてあるの？」という感想も結構ありがちなのだ。

08 内野手はグラブを「面」と考える

内野手は面にボールを当て、持ち替えてすぐ投げる。

一方、外野手は打球をしっかりキャッチしにいく。外野手用グラブが縦長なのは、伸ばした手が打球に届きやすいため。ポケットが深いのは、打球確保の安心感を選手に与えるためだと思う。

ただ、そこだけを考えていると、捕るだけで終わってしまう。こと捕球だけを考えるなら、逆に内野手用グラブであってもポケットが深いほうが良いはずだ。

僕みたいに内野手を経験した人間の発想からしたら、なぜ外野手用グラブだけポケットを深くしなくてはならないのかという意識がある。

09 僕のグラブの型作り

内野手は、ボールをグラブの中にしっかりと収めない。ほとんどの選手がグラブを「面」と考える。「板」でもいい。板にしてボールを当てて、持ち替えて、すぐ投げるのだ。捕ることも大事だが、捕ったあとが大事なのだ。僕は内野をやっていたから、ポケットが少し深いグラブでも、かなり深く感じる。だから僕はすぐ投げるという点において「内野手用に近い外野手用のグラブ」を作りたい意識を持つ。

著者が現役時代に使用していたグラブ

新しいグラブを手にしたとき、グラブにボールを入れて縛ったりはしない。そうするとボールの型がついてしまう。僕はどちらかと言えばグラブを開きたいタイプ。チャージ（打球に向かっていくこと）するとき、親指を外側にグッと力を入れないと開かないグラブはイヤだった。開いていれば、グラブの外側にボールが当たってはじくことはないという安心感がある。

そしてグラブにボールが入ったら、ボールをつかまずに、内野手みたいにすぐ持ち替えられる「ポケット浅め」のイメージ。

だから、最初からグラブの先端が少し開いていたら、意識的に開く理由もないし、閉じる心配もない。だから、そこにすごくこだわりがあった。

捕球時の衝撃をグラブの革が吸収してポケットがだんだん深くなるので、シーズンオフにゼットに修理してもらっていた。結局僕は現役9年間のうち、2年目から8年間は1つのグラブだけを使っていた。

先輩外野手の新庄剛志さん（阪神→メジャー→日本ハム）も、ずっと同じグラブを使っていたそうだ。

坂本勇人選手（巨人）は、グラブの型作りで冷蔵庫に入れたりすると聞いた。内野手は土のグラウンドでの打球処理や守備機会が多いこともあって、消耗度の観点からどうしても交換を余儀なくされる。

⑩セ・リーグの本拠地6球場別の外野守備

野球は、球場によってプレーする環境が大きく異なるスポーツだ。ここからは、僕が数多くプレーしたセ・リーグの本拠地球場（阪神甲子園球場、広島市民球場、明治神宮野球場、横浜スタジアム、東京ドーム、ナゴヤドーム）それぞれの外野守備について触れてみたい。

■広島市民球場＝芝の下

近年、外野はすごく守りやすくなった。なぜなら、12球団の本拠地で「外野守備が難しい天然芝」の球場は2つしかないからだ。阪神甲子園球場とMAZDA　Zoom-Zoomスタジアム広島（以下、マツダスタジアム）。

ただ、僕の現役時代はマツダスタジアムはまだなくて、カープの本拠地は広島市民球場だった。広島市民球場での外野守備は難しかった。こう書くと誠に申し訳ないのだが、**一見すると外野の芝はきれいなのに、その下の見えない地面の土は、足を踏み入れると結構凹凸がある。**

だから打球処理の瞬間、予測しにくいイレギュラーをしたりする。ボンボンと来て、ボーンと跳ねたら終わりだ。全力でチャージにいった結果、対応できずにファンブルしたり後逸したりすることもある。プレーした経験がない人にはわからない「芝事情」である。

そのため、初見の地方の球場でプレーする場合、芝が一見きれいでも、実際に歩いてみたり、手で触ってみたりする必要があるのだ。

■阪神甲子園球場その1　芝の目

甲子園はプロ野球でも常に使っている、いわゆる「常打ち球場」。高校野球の聖地でもある。だから、いつもしっかり整備されていて、土の影響でイレギュラーすることは、あまりない。

芝も当然きれいだし、その下の地面もすごくきれい。芝の刈り方については、本拠地の利で、「リクエスト」を出させてもらっていた。

「芝を刈る方向を統一していただけるでしょうか。とりあえず、打球が真っすぐ転がってくるようにカットしてくださると嬉しいです」

阪神園芸さんの仕事の素晴らしさは、もうすさまじい。

ゴルフで説明するとわかりやすいと思うが、芝の「順目」と「逆目」によってボールの転がり方が変わるわけだ。

バックネット側から見て白く見えると、バックネット側からバックスクリーン方向に芝を刈っている。濃い緑色に見えると、Uターンしてバックスクリーン側からバックネット方向に芝を刈っている。だから、甲子園の外野の芝は白と緑、2色のコントラストですごくきれいに見える。

つまりバックネット側からバックスクリーン方向に刈ってあっても、その逆であっても「縦刈り」に統一さえしてあれば、ホーム側からセンター方向に飛ぶ打球は比較的きれいに転がってきて、ゴロ捕球はしやすかった。

それが「ライト側↓レフト側、レフト側↓ライト側」にUターンして芝を刈られると、芝目が横に向く。すると打球が蛇行して揺れて飛んでくるので、ものすごく怖いのだ。

■阪神甲子園球場＝その2　浜風と銀傘

あくまで感覚なのだが、甲子園ではライトからレフト方向へ吹く「浜風」に影響されて、フライの落下速度が遅くなると感じた。ロッテの本拠地・ZOZOマリンスタジアムは風速表示10メートル以上の強風で有名だが、甲子園も結構強い風が吹く。

高校野球の試合で「イージーフライと思われた打球をまさかの落球」というシーンがときに見られる。普通の感覚でグラブを閉じると、まだグラブまで到達しきっていないということが起こり得るからだ。

だから、甲子園で守るときはフライを「つかみ」にいってはいけない。つかみにいったらフライを落とす。待って、落ち切ってから捕る。フライを捕ってすぐボール回しをしたがる選手は、落とす危険性をはらんでいる。

さらに、甲子園にはネット裏から内野席にかけて観客席を覆う「銀傘」が設置されて

■セ・リーグ2021年シーズンチーム別守備成績

チーム	守備率	試合	守機備会	刺殺	補殺	失策	併殺		捕逸
							参加	球団	
巨　人	0.991	143	5219	3758	1416	45	293	107	7
中　日	0.989	143	5278	3729	1493	56	320	116	3
DeNA	0.986	143	5343	3745	1525	73	415	148	8
ヤクルト	0.985	143	5238	3781	1378	79	356	131	4
広　島	0.985	143	5211	3761	1370	80	301	110	9
阪　神	0.984	143	5412	3771	1555	86	280	104	3

いる。昼間のデーゲームだとそこに日光が反射して、前方への打球なのか後方への打球なのか、一瞬わからなくなることがある。

そこにプラスアルファ、夏になると白い服を着ている観客が多いので、打球が重なって非常に見えにくくなる。

■阪神甲子園球場＝その3　阪神選手のエラー

逆に、ドーム球場だけでプレーしていると守備は上手くならない（ただし送球エラーに屋内・屋外は関係なく、ゴロ捕球・フライ捕球とは別の話だ）。

ところで、土・天然芝・風の影響を念頭に置いて屋外球場でプレーしているのだから、エラーはある程度多いにせよ、阪神の選手は鍛えられて守備が上手くなるはず。**「甲子園で守れる」ということは価値があるということなのだ。**

だが……阪神の選手はここ数年エラーが多い（編集部注／阪神チームエラー合計＝17年82個リーグ5位、18年89個リーグ最多、19年102個リーグ最多、20年85個リーグ最多、21年57個リーグ最多）。

■神宮球場＝古くなった人工芝への対処法

僕が現役時代の話。まず神宮球場の外野の人工芝はカチカチに硬かった。人工芝の毛があるのかないのかわからないほどだ。とにかく打球が跳ねる。前に落ちそうな打球を中途半端に待っていたら、ポーンと大きくバウンドして二塁打になってしまう。

それならいっそ前に突っ込んで、ショートバウンドで体に当てて前に落としたほうが二塁打になる可能性は少ない。

弾む打球に対して守備側は注意が必要だが、裏を返せば攻撃側は常に二塁を狙えるチャンスがあるということだ。

雨の日は、人工芝がツルツル。少し横に落ちたライナーの打球の球足が速くなって、全然追いつかない。だから直線的に突っ込んだら抜かれて、あっという間に三塁打になってしまうので気をつけないといけない。

センター前で弾丸ライナーがワンバウンドした打球を普通に捕りにいこうものなら、強すぎて頭に直撃する危険性がある。意識して身構えないといけない。

歯のついたスパイクを履いて守ると、ブレーキをかけた瞬間にビーッと滑るくらい、引っかかりがない。だから**「守備用のスパイク（ポイント）」と「攻撃用スパイク」を完全に使い分けなくてはいけなかった。**面倒で負担になった。

そこで思いついたのが、スパイクの歯を短くすること。横浜スタジアムや東京ドームのように、スパイクに歯がついていても守れる人工芝の球場もある。

■横浜スタジアム・ナゴヤドーム＝比較的守りやすい

神宮球場に比べれば、横浜スタジアムの人工芝のほうが硬くなくて守りやすかった。

ナゴヤドームもまだその時代、新しい球場ではあったが、芝の張り替えが行われておらず、人工芝は硬かった。ただ、ドーム球場ゆえ雨の影響によって打球速度が増すようなことは皆無な分、守りやすかった。

■東京ドーム＝下にウッドチップが入った人工芝

人工芝を張り替えた東京ドームに、現在はどのチームの本拠地も追随した。人工芝の毛が伸びて、下にウッドチップが入った人工芝に変わった。膝に負担が少ない。

第2章　プロ選手の事例〜あの選手はここがすごかった！

⑪「イチロー型」と「飯田型」

僕は外野手になったのが比較的遅いし、誰かを目標にして外野手になったわけでもない。僕のプロ入りは01年なので、ゴールデングラブ賞12度・福本豊さん（阪急）やゴールデングラブ賞10度・山本浩二さん（広島）をはじめとする偉大なプレイヤーの守備をこの目で実際に見て参考にしたかった。

外野手の守備としてのタイプが全然違うので、正直、イチローさん（オリックス→メジャー）の真似をしようとは一度も思わなかった。

イチローさんは強肩で、**捕ってから投げるまで、しっかりモーションを取って投げるタイプ。だから正確だし、球も強いというメリットがある。**

逆に、捕球から送球までフォームが大きく多少遅れるデメリットもある。強肩のイチローさんだからこそ、あの投げ方を選択できるのだろう。

僕と似たタイプで近づきたいと思っていたのは、飯田哲也さん（ヤクルト→楽天）だ。捕手出身の、**飯田さんの捕ってから投げるまでのあの早さは、僕の中で理想形だ。投げた球も強かった。**

93年、もう四半世紀も前になる。僕は高校2年生だったが、西武との日本シリーズ第4戦の「伝説」のバックホームは記憶に残っている。

8回表、2死一・二塁。鈴木健さんの打球をセンター・飯田さんがキャッチャーの古田さんにダイレクトのストライク送球で二塁ランナー・笘篠誠治さんを刺したのだ。

その距離約60メートル。野球記者いわく、これで西武に傾きかけていた流れを引き戻し、日本一に王手をかけたそうだ。

⑫ 羽生田さん・新庄さんの「バカ肩」、岡田の「一歩目」

テレビの「好プレー珍プレー」で見た、山森雅文さん（阪急）の金網によじ登ってのホームランキャッチ（西宮球場）。あのフェンスはかなり高い。「よじ登りキャッチ」は、阪神で同じ釜の飯を食った赤松真人選手（阪神→広島）もやっている（広島市民球場）。

羽生田忠克さん（西武）や新庄剛志さん（阪神→メジャー→日本ハム）はとんでもない強肩だった。

最近の強肩といえば、柳田悠岐君（ソフトバンク）とマーティン（ロッテ）だ。

一緒にプレーした時代の選手ですごさを実感したのは、福留孝介選手（中日→メジャー↓阪神↓中日）のポジショニングと強肩。高橋由伸さん（巨人）の捕球から送球への素早さと正確性が目を引いた。

岡田幸文選手（ロッテ）は、自分でポジショニングを取れる。脚力、1歩目のスタートの早さを生かした守備範囲の広さ。逆方向に守っていても、切り返しが良くて打球に追いつく。千葉マリンの強風に対する反応も良かった。11年・12年にゴールデングラブ賞受賞。活躍したキャリアは短かったが、良いコーチ（現・楽天）になれると思う。

ほかには松本哲也選手（巨人）や亀井義行選手（巨人）の守備は安定している。

最近では鈴木誠也選手（広島）が光っている。打球への入り方、チャージの仕方、強肩。どれも一級品だと思う。

⓭「補殺が多い＝強肩」とは限らない

僕は「外野手としての目」と「走者としての目」の両方の立場から外野手のプレーを見ている。

外野手は、ランナーに「どう思わせるか」が重要だ。

新庄剛志さんは阪神のセンターの先輩で、守備が非常に素晴らしかった。新庄さんもプロ入り時はショートを守っていた。

新庄さんはランナーに三塁を回らせるために、意図的に1歩目のスタートを遅らせていた。三塁コーチが「お、いける！」と、ランナーを本塁に突っ込ませたところをバックホームで刺すのだ（補殺）。

一方、僕は新庄さんほど強肩ではなかったので、ありったけのスピードで打球にチャージした。三塁コーチがそれを見たら、思わずランナーを止める。僕はランナーを絶対にホームに突っ込ませない方法を取った。

つまり、正反対のスタイルだ。

補殺数は強肩度を示す指標と言われるが、実は「補殺数」＝「強肩」とはならない。アテにならない。

「セーフになるだろう」と思ってランナーがホームに突っ込んでいる回数が多いわけで、その分、結果としてホームで刺す（補殺）数も多くなっている。語弊はあるが、ナメられている部分もあるのだ。

本当の強肩なら、ランナーはホームに突っ込むのを自重する。たとえば、鈴木誠也選手のところに打球が飛んでも、守備力・強肩を考えたら無理をして突っ込まない。ホームに突っ込む回数が減る。必然的にホームで刺す（補殺）数も減る。

だから、僕の現役時代の05年捕殺数トップ（12補殺）という事実はある意味、名誉でもあるし不名誉でもある。

■赤星憲広の年度別守備成績

年度	試合	刺殺	補殺	失策	併殺	守備率
01	125	243	9	2	1	.992
02	78	156	4	2	0	.988
03	**140**	233	10	0	2	**1.000**
04	**138**	254	5	2	3	.992
05	145	264	**12**	**5**	1	.982
06	141	277	**12**	2	**4**	.993
07	112	209	3	3	1	.986
08	**144**	**251**	4	2	1	.992
09	89	143	1	0	0	1.000
通算９年	1112	2030	60	18	13	.991

※太字はリーグ最高

僕は、補殺数が多かった翌年は、まずチャージを強くしてランナーを突っ込ませないことを考えた。もし突っ込まれたら、捕ってからの送球を早くして刺すことを心がけた。

僕はすでに引退していたが、16年から「コリジョン（衝突）ルール」が採用された。ボールを持っていない捕手が、ホームに向かってくる走者の走路をブロックする行為を禁じるものだ。そのため、このルールが採用されてからはランナーを突っ込ませる傾向が強く、補殺数自体が減っている。

⓮補殺数と同様の「キャッチャーの盗塁阻止」

同じゼットの野球用具を使う古田敦也さんの立命大時代。古田さんの二塁送球を恐れた他大学の選手が盗塁を企てなかったといわれている。

野球記者から聞いた話だが、そのために強肩をアピールできず、まさかのドラフト指名漏れの悲哀を味わった。だから古田さんはこう考える。

「地肩が強くない自分は、捕ってからいかに早く正確に投げるかが勝負だ」

「盗塁を企てられないことこそ強肩」

僕の考えと同じである。

18年日本シリーズで連続6盗塁阻止の甲斐拓也捕手（ソフトバンク）の強肩は「甲斐キャノン」の異名を取るが、古田さんのスローイングはそれ以上にすごかった。

⓯ 定位置より前に守るべし

上手い外野手は、自分より後方の打球を追っていって捕る自信があるから、長打警戒のとき以外は、定位置より一歩前に守る。

なぜかと言うと、ピッチャーが打たれて一番捕ってほしいのは、打ち取って詰まらせた打球だから。頭を越されるような打球ならピッチャーはあきらめもつくが、打ち取ったはずの打球が外野手の前に落ちるのが一番イヤなのだ。僕もよく言われた。

「自分が投げた球がバットの真芯でとらえられたんだし、赤星さんがセンターを守っていて、その頭を越されたら仕方ないですよ。だけど、詰まらせた打球はお願いしますね」

ただ、下柳剛さん（阪神ほか）だけは例外で……（笑）。

「オレはもともと打たせて取るタイプのピッチャーなんや。オマエらホームラン以外は全部捕ってくれ。前も後ろも捕るんやぞ！」

前に落ちそうな打球を意識しながら、後ろに行った打球をどれだけ捕れるか。

僕が判断ミスで頭を越えられたことは2度ある。この「捕れると思ったのに捕れなかった2度」は鮮明に覚えている。

まず、タイロン・ウッズ（横浜→中日）。185センチ100キロの巨体のパワーヒッターで、40本塁打以上を3度（本塁打王）。打った瞬間、ピッチャーの頭上くらいに見えた低い弾道の打球が、一瞬でセンターを守る僕の頭を越えていた。

ウッズの打席では、ピッチャーの真後ろではなくて、少し角度をつけないと、猛スピードで飛んでくる打球が前方か後方か、わからなかった。**センターを守るとき、キャッチャーとピッチャーを結ぶ直線から、どちらかに少し寄って角度をつけると見えかたが全然変わってくるのだ。**

もう1人は和田一浩さん（西武→中日）。藤川球児投手（阪神）の「火の玉ストレート」をきれいに打ち返した数少ないバッター。和田さんの打球も低かった。反応はできて、後ろに下がったものの、捕れなかった。

⑯ 打者によって「シフト」を敷く

松井秀喜さん（巨人）は、レフト線の打球が少なかったので、レフトが左中間に寄ってきて、センターの僕がかなり右中間に移動した。

ペタジーニ（ヤクルト→巨人）に対しては、松井さん以上にライト方向に極端に寄った。内野手も右方向に動いた。最近、メジャーで大谷翔平選手（エンゼルス）が打席を迎えると、全体的にかなりライト方向に寄る傾向が見られる。日本でも同様だが、かつてはペタジーニに対するような極端なシフトは珍しかった。

高橋由伸さんは、どちらかと言うと左方向の打球が多かったが、本当に広角に打つバッターで、極端に左右どちらかに寄れなかった。

中村剛也選手（西武）は長打警戒でレフトはバック、振り遅れたときの対応としてライトは前進のシフトを取った。

逆に僕が打席に入ると、左方向に寄った守備シフトを取られた。レフトはかなり前。そしてセンターはかなり左中間寄りに守っていた。

バットを短く持って、なるべく体の近くまでボールを呼び込んで打つので、ショートやレフト方向にいい当たりが飛ぶ。セカンド方向にいい当たりが飛ぶのは僕の中での危険信号。相手チームもそれを調べ上げていた。ライト線への打球がないと思われていたのだ。

17 水も漏らさぬ中日の鉄壁の守り

僕の現役時代、中日は特にデータを活用したであろう極端な守備隊形を敷いてきた。

メジャー移籍前の福留孝介選手がライトで、アレックス・オチョアがセンター。井上一樹さんの守備固めとして、レフトに英智選手が入った外野陣は「鉄壁」のひとことに尽きた。

僕が二塁ランナーでいても、いかにして三塁を回るか。強肩でも、少しチャージが弱くて、返球動作が大きいアレックスのところに飛んだときぐらいしか、チャンスがなかった。

内野は、二・遊間が〝アライバ〟(荒木雅博・井端弘和)。キャッチャー・谷繁元信さん。

ショート・セカンド・サードの3ポジションでゴールデングラブ賞を受賞している立浪和義さんは05年のサードを最後に次第に代打の切り札としての出場が多くなったが、そのサードには中村紀洋さん。タイロン・ウッズのファーストも意外に上手かった。「恐竜打線」の豪打が目立ったが、あの時代の中日の守備は最強の布陣だ。とにかく、ヒットにならなかった。

当時は「竜虎の時代」と呼ばれてチャンピオンフラッグを争った。かたや阪神が03年・

落合監督時代の中日　チーム順位とゴールデングラブ賞受賞者

年	チーム順位	チーム防御率順位	ゴールデングラブ賞受賞者
04年	1位	1位	川上(投手)、渡辺博(一塁)、荒木(二塁)、井端(遊撃)、アレックス(外野)、英智(外野)
05年	2位	4位	荒木(二塁)、井端(遊撃)、福留(外野)
06年	1位	1位	川上(投手)、谷繁(捕手)荒木(二塁)、井端(遊撃)、福留(外野)
07年	2位	3位	川上(投手)、谷繁(捕手)荒木(二塁)、井端(遊撃)、中村紀(三塁)
08年	3位	3位	荒木(二塁)、井端(遊撃)、中村紀(三塁)
09年	2位	2位	谷繁(捕手)、荒木(二塁)、井端(遊撃)
10年	1位	1位	—
11年	1位	1位	浅尾(投手)、谷繁(捕手)、大島(外野)

05年とリーグ優勝、こなた「落合・中日」は8年間でリーグ優勝4度、2位からの日本一1度。落合中日8年間でゴールデングラブ賞は実にのべ28人を数えた。

——「野球で勝つのは、守りだ」

三冠王3度の落合博満さんがノックバットをみずから握って鉄壁の守備陣をつくり上げた。

現実に落合監督1年目の04年、長い歴史の中でチーム守備率・991というセ・リーグ記録を樹立している(138試合5186守備機会で45失策。19年中日が・9

92で更新)。

打者が3割の分、投手は7割。その7割の九割九分をアウトにできる。「野球はやはり守備」なのだ。

⑱データを走塁にも守備にも生かす

僕の通算381盗塁の内訳として、初球に140個、2球目に100個を決めている。実は現役時代、スコアラーの方にこんなお願いをしていた。

「キャッチャー・古田さんのとき、キャッチャー・谷繁さんのとき。僕がランナー一塁で、2番バッター関本のときだけでなく、3番・金本さんの1・2球目の球種を出してもらえませんか」

「何でや? そんなの、何に使うねん?」

「たとえばこのバッターなら、ストレートを2球続けないとか、2球目に変化球を投げる確率が高いとか。それがわかれば、わざわざ無理して初球に走らなくていいし、初球がストレートだったら、2球目にすぐスタートが切れます。それにバッターが追い込まれる前に盗塁して、バッティングに集中してもらいたいんです」

「……よっしゃ！　大変だけど、頑張って調べてみるわー」

このように、もうあれこれ、ひたすらデータのリクエストをしていた。

「楽になったよ、赤星が引退してから。でも、いまにして思えば、赤星はオレたちスコアラーを有効活用してくれていたんやな」

野村監督の時代は「打球方向の傾向はしっかり把握しておくように」と口を酸っぱくして言われていたし、現在はもっといろいろな種類のデータが豊富に手に入る時代だと思う。

投げること、打つこと、走ること、そして野手が打球を追う守備に関しても、やはりデータは、材料や要素として活用するとプレーへの影響は大きい。

調べれば調べるほどデータの精度が上がり、それに伴いプレーの確率も上がる。スコアラーの方も、そこがデータに特化した仕事のやりがいとプライドなのだと思う。

赤星憲広現役時代のセ・リーグゴールデングラブ賞(外野)

年	受賞者
01年	高橋由伸(巨)、松井秀喜(巨)、赤星憲広(神)
02年	高橋由伸(巨)、松井秀喜(巨)、福留孝介(中)
03年	高橋由伸(巨)、福留孝介(中)、赤星憲広(神)
04年	アレックス(中)、英　智(中)、赤星憲広(神)
05年	福留孝介(中)、金城龍彦(横)、赤星憲広(神)
06年	福留孝介(中)、青木宣親(ヤ)、赤星憲広(神)
07年	高橋由伸(巨)、青木宣親(ヤ)、金城龍彦(横)
08年	鈴木尚広(巨)、青木宣親(ヤ)、赤星憲広(神)
09年	松本哲也(巨)、青木宣親(ヤ)、亀井義行(巨)

直近5年間のゴールデングラブ賞(外野)

セ・リーグ	
17年	丸　佳広(広)、鈴木誠也(広)、桑原将志(D)
18年	丸　佳広(広)、平田良介(中)、大島洋平(中)
19年	丸　佳広(巨)、鈴木誠也(広)、大島洋平(中)
20年	青木宣親(ヤ)、鈴木誠也(広)、大島洋平(中)
21年	近本光司(神)、鈴木誠也(広)、大島洋平(中)
パ・リーグ	
17年	秋山翔吾(西)、柳田悠岐(ソ)、西川遥輝(日)
18年	秋山翔吾(西)、柳田悠岐(ソ)、西川遥輝(日)
19年	秋山翔吾(西)、荻野貴司(ロ)、西川遥輝(日)
20年	大田泰示(日)、柳田悠岐(ソ)、西川遥輝(日)
21年	荻野貴司(ロ)、柳田悠岐(ソ)、辰己涼介(楽)

第3章　外野手の基本

⑲ フライが苦手なプロの外野手は意外と多い

語弊があったらご容赦願いたいが、かつては技術的に少し劣る選手が外野を守る時代があった。そのため、打球が外野に飛んで頭上を越され、結局失点するケースが多分にあった。外野手にとって何が一番大事か？

まず一つ目。「フライを捕る技術」だ。何を当たり前のことをと思われそうだが、実はプロ野球界でも、フライ捕球を苦手にしている外野手は意外に多い。そういう選手は自信を持ってポジショニングを取れないので、頭上を越されたり後逸したりしないよう、フェンス際の深い位置に守っている。

もう一つ。フライを捕るときに「ボールの位置をどこに置くか？」。

外野手のフライ捕球姿勢の良い例（左）と悪い例（右）

フライの落下地点に入るとき、その真下に入る選手はダメだ。

内野フライは、打者からの距離が短いので、打ってすぐ内野手の頭上高くに打球が飛ぶときがある。真下に入らざるを得ない。少し背走しながらフライを捕るのは難しい。この技術があれば、外野フライはそんなに難しくない。

外野フライは打者からの距離が長いので、打球は絶対に前から飛んでくる。打球が真上から真下に垂直に落下することはない。ある程度、角度が付いて落ちてくる。前から来る打球の真下に入ると、風や打球の伸び具合によって「万歳」してしまう危険性を伴う。だから「少し斜め前にボールを置く」のが正解だ。

守備位置を決めるとき、外野手の適性があるか否か、ノックの捕球姿勢を見れば一目瞭然だ。ボールを「斜め前に置ける選手」「斜め前に置けない選手」「練習すれば斜め前に置ける選手」に分類する。

センターは前後左右に動ける選手。両サイドのライト・レフトへの目配りができる選手。

ライトは、バックホームとバックサードの遠投がある。しかも、ファーストへのカバーリングをほぼ全部行かなくてはならない。

正直、野球で守備力が足りなくても守れるポジションを考えたとき、それはレフトになる。レフトは、バックホームは別にして、セカンドとサードへの送球距離は短い。カバーリングも基本的にはサードだけだ。

レフトと同じく、ファーストも「打てばいいだけの外国人を置く」とよく言われるが、それは間違い。ファーストが上手いと、内野手の守備が生きる相乗効果が生まれる。阪神03年優勝時にはアリアス（オリックス→阪神→巨人）、05年優勝時にはシーツ（広島→阪神）がファーストを守り、いずれもゴールデングラブ賞を受賞。シーツは3年連続受賞だ。2人とも内野手のワンバウンド送球を事もなくさばいてくれたので、送球エラーが激減した。左打者からは強烈な打球が飛んでくる。ピッチャーからの牽制《けんせい》球もある。

思えば、85年西武との日本シリーズのバース一塁手（阪神）は、辻発彦さんのプッシュバント・スクイズをさばいて本塁でアウトにし、守備に厳しい広岡達朗監督をして「打つだけだと思ったが、誤算だった」と言わしめたのは有名な話だ。

⑳「外野専門」の外野手、「内野から転向」の外野手の相違点

外野手のタイプは当然ながら大別して2つある。もとから外野オンリーの外野手、内野（または投手・捕手）から転向した外野手だ。

「外野専門」の外野手は、背後への打球を苦にしないが、前方の打球処理へのチャージは苦手。

多くはそうかもしれないが、先述したように、フライ捕球を苦手とする外野手が存在するのだから、個人差がある。

昔から外野をやっていても背後への打球が苦手で、最初からかなり後ろに守っているとか、左右両サイドには強いけれども、やはり前には弱いとか、ポジショニングを見ると「弱点」が推察できる。弱いところをケアする守備位置なのだ。

内野手から転向した外野手に関しては、背後・フェンス際の打球は慣れもないので、やはり難しさはある。

だが、前方の打球のゴロ処理はさすがに元内野手なので上手いし、捕ってから送球までが早い。**（右投げの場合）前傾姿勢の左足の前でゴロを捕球し、ワンステップのフットワークで送球する。いわゆる「内野手捕り」だ。**

これが外野手専門だと、片ヒザを立てる。（右投げの場合）右ヒザを地面に着け、左ヒザを折り曲げ、体の正面で打球を捕る。そこから立ち上がって送球に入る流れだ。これは後述するが、感心する捕球術ではない。

左投げの場合、内野のポジションはほぼファーストに限られるので、ファーストの経験があるか否かは、ゴロ処理を「内野手捕り」をしているかどうかで判断できる。

21 前後左右の打球、どこかに得手・不得手はあるものだ

元から外野手専門であっても内野からの転向組であっても、前後左右すべてに上手い外野手は、貴重な存在だ。誰しもどこかに多少、弱点があるものだ。

かくいう右投げの僕は、グラブをはめる左側の打球が苦手だった。グラブをはめる側のほうがグラブを出しやすく簡単だと思われがちだが、そうとは限らない。打球の見え方の問題だろうか……。特に右バッターのスライス（右中間に切れていく）する打球は、苦手だけに意識して注意した。

捕ってからも、ボールが入ったグラブを右肩に持っていくような体勢の立て直しに時間がかかってしまう。弱い球しか投げられなかった。

だから、一か八か「勝負」のときはどうしたか。右中間の打球に左手を伸ばして捕る。その余勢を駆ってそのまま左に1回転して投げると、強い球が投げられる。時間も短い。

わかりやすく言えば、ショートが二塁ベース寄りの打球にギリギリ追いついて、そのまま左に1回転して一塁送球のようなイメージだ。

僕のファインプレーは、意外に自分の右側に飛んだ打球が多かった。右側に飛んだ打球は、ボールを捕ったグラブをそのまま素早く右肩に持っていき、強い球が投げられた。

㉒ バックホームは外野手の一つの醍醐味

試合前のシートノック（各選手が守備位置につき、ノックを受けて、捕球・送球の練習をすること）。基本的に、全外野手の捕球と肩を見られる。バックセカンド、バックサード、バックホーム。ノーバウンド送球なのかワンバウンド送球なのか、ダイレクト送球なのか中継を入れるのか。クッションボール（外野フェンスに当たった打球の跳ね返り）を確認することも大切だ。

プロ野球はほぼ毎日やっているが、アマチュア野球は、トーナメント形式が多くて対戦頻度が少ない。相手戦力を把握する絶好の機会としてシートノックはとても重要だ。僕は大府高時代、高3春のセンバツ甲子園で神奈川・横浜高と対戦。実は、試合前のシートノックを見ただけで、内心「負けるな……」と舌を巻いた。当時、横浜高には僕と同い年で、のちに横浜やソフトバンクで活躍する多村仁志選手がいた。

多村選手はセンターの守備位置から、あたかも僕たちに見せつけるかのように、ダイレクト返球のバックホームをした。

「これは、ちょっとレベルが違う……」

走者二塁でセンター前ヒットが出ても、本塁には還ってこられないという印象を植え付けられた。

バックホームでランナーを刺すのは外野手の一つの醍醐味であるし、守備練習においても相手に対して強烈なインパクトを与えられる。

プロで言えば、「レーザービーム」と呼ばれたイチローさんのように「強肩」を見せる。僕の現役時代のように「打球に対しての積極的なチャージ」「捕ってからの素早さ」を見せる。それを見た相手の三塁コーチャーは、ランナーを三塁で止める。**相手に守備を見せる。相手の守備を見る。**戦力を把握すると同時に、そういう心理戦の意味でもシートノックは重要な要素なのだ。

㉓「走者を本塁に突入させないこと」「補殺率」が重要

これまで話してきたように、①攻守強肩の外野手に対してランナーを突っ込ませる回数は減り、それに伴い補殺数自体も減る。②コリジョンルールでランナーを突っ込ませる回数は増えるが、キャッチャーはブロックできないので補殺数自体は減る。

たとえばわかりやすく極端な話、「走者に100度本塁に突入されて10度刺した」外野手と、「走者に10度本塁に突入されて4度刺した」外野手、どちらが優れた外野手か。

後者のほうが優れていることは明らかだが、「送球で走者を刺した」補殺数だけだと、表面的には10度刺した前者のほうが優れた外野手のような印象を受けてしまう。

だから、キャッチャーの「盗塁阻止率」のように、外野手のゴールデングラブ賞の選考には「補殺率」を採り入れたらどうかと思う。

㉔ 東京五輪ドミニカ戦は「あれ」が正解

東京五輪で日本の初戦、対ドミニカ共和国戦（21年7月28日、福島・あづま球場）。

1対2の8回裏、四球出塁の一番・山田哲人（ヤクルト）を坂本勇人（巨人）が捕前バントで送った一死二塁。三番・吉田正尚（オリックス）の浅いレフト前ヒットで二塁走者・山田は本塁突入するも、レフトからの好返球でタッチアウトになった。

二死ならまだしも、8回1点ビハインドなのだから無理をせず、一死走者一・三塁から四番・鈴木誠也（広島）のヒットまたは犠牲フライ待ちという考え方は確かにある。三塁コーチャー・清水雅治さんの判断が疑問視されたが、それは外野手以外の選手の考え方だ。僕から言わせれば「いや、当然回すでしょ」という場面だった。外野手出身の清水コーチの判断が正解だ。

なぜなら日本は当然、ドミニカ共和国の選手の守備情報を収集済みのはず。捕球、肩に劣るレフトに打球が飛んだ。そのポジショニングはどうか。走者は俊足・山田。スタートが悪かったら止めている。コリジョン・ルールでキャッチャーがブロックできない。かつてなら8割セーフでないと本塁突入させなかったのが、コリジョン・ルール以降、6割セーフなら突入させる傾向にある。

どんな好打者であってもヒットが出る確率は10度に3度。犠飛が出るかどうかわからない。

送球がそれてセーフだったら「二塁走者はナイスラン。三塁コーチはよく回した」と言われていたはず。もし、四番打者との勝負で内野ゴロ併殺、無得点だったらどうだろう。

「その前に、なぜ本塁に突入させておかなかったんだ！」となる。

セーフの可能性は10度に9度。あんな好返球は10度に1度。それにはまってしまっただけ。言うなれば相手レフトのファインプレー。要するに「本塁アウト」はあくまで結果論でしかない。

25 クッションボールの跳ね返り～甲子園では「地の利」を味方に～

サッカーしかり、バスケットボールしかり、他の競技では必ず同じ大きさのフィールド内でプレーする。

しかし、野球は球場によってフェンス越え（ホームラン）までの距離が違う。球場によって両翼の角度が違う。そこが野球の面白い特性だ。

メジャーリーグでもレッドソックスの本拠地フェンウェイ・パークは左翼が94・5メートルなので、容易にホームランが出るのを防ぐために高さ11・3メートルの「グリーンモンスター」と呼ばれる高いフェンスがある。

スポーツ紙などでも野球は「ホームゲーム」「ビジターゲーム」別の勝敗が掲載されている。長丁場のペナントレース、**半分は本拠地で戦うわけだから、いわゆる「地の利」を生かすことは、チームの勝敗に大きなアドバンテージをもたらす。**

クッションボールの跳ね返りに関して、外野フェンスの材質が、ラバー（ゴム）なのかウレタン（化合物）なのか金網なのかで違ってくる。

特に初めて使用する球場は、試合前に実際にボールをぶつけてみて、絶対に調べなくてはならない。

僕が高2春のセンバツ甲子園で、初めて甲子園球場に足を踏み入れ、セカンドでシートノックを受けたときのことを思い出す。愛知県大会で使用した球場の内野の黒土の部分と硬さが全然違った。

「このふかふか感。まるで、じゅうたんの上をゴロが転がってくるようだ」

チームメイトの外野手も「甲子園の外野の芝はすごい！」と驚いていた記憶がある。

甲子園大会では大会前の「甲子園練習」での時間が限られている。打撃練習で広さを感じるのも良いが、守備のミスが勝敗を分けてしまうことが多いので、守備に時間を割いて「甲子園球場を知る」のが得策だと思う。

26 甲子園球場の特徴「外野ポール際のフェンスの丸み」

甲子園球場ではライト線・レフト線のライン際を低い打球で破られた場合、打球が外野フェンスにぶつかっても大きく跳ね返らず、クッションボールが外野フェンスの丸みに沿って、センター方向に転がっていくことが多い。外野手がその打球の処理に手間取ると三塁打になってしまう。

阪神甲子園球場。外野両端が独特の丸みを帯びている（写真：東阪航空サービス／アフロ）

だから、阪神の両翼の外野手は、まずフェンスの端に沿う。センター方向に転がる前のブロックを心がけている。

他にも、甲子園球場の水はけを良くするため、外野後方が少し下がって傾斜がついている。バランスを崩してジャンプしづらいときがあるので注意が必要だ。

リリーフカーが出てくるライトの一角とレフトの一角だけラバーの高さが低い。その上に打球が載り、転がってしまうこともある。ラバーの上部の金網フェンスに当たると、また変な跳ね返りをする。

92年9月、阪神とヤクルトの2強マッ

チレース。9回八木裕さんがレフトへサヨナラホームラン。しかし、実際はライナーがレフトフェンスに当たり、不規則な軌跡でスタンド入り。判定はくつがえり、エンタイトル二塁打。

結局延長15回、試合時間6時間26分は、いまなお破られないプロ野球史上最長時間試合となっている。

神宮球場。ヤクルトの選手は引退試合などで、よく外野フェンスの上の金網によじ登って、ファンと交歓する。

青色の分厚い外野ラバーフェンスの上に、黄色い縁の金網が立っている。ラバーに当たったときはドンという音がするし、金網に当たったときはガシャッという音がする。当然ながら打球の跳ね返り方が違うということだ。

27 外野フェンスが高い球場では深追いかクッションか

横浜スタジアムは外野フェンスが高い。だから、外野フェンスに張りついてジャンプして捕れなかった場合、当然クッションボールの処理もできない。転々としている間に三塁打になってしまう。

センターの選手は、両翼の選手がカバーに来てくれるので、深追いして捕りにいくときもある。深追いしてノーバウンド捕球できたというケースもある。

一方で、クッションボールを上手くさばくことにより、二塁への送球で打者走者を刺せる可能性もある。

だから、深追いの直接捕球にするか、クッションボールの処理に集中するか、判断のタイミングが非常に難しい。

その他、外野フェンスが高いのは、中日のバンテリンドーム、日本ハムの札幌ドームだ。

現在のプロ野球ペナントレースは、「同一リーグ25試合×5チーム＝125試合」＋「セ・パ交流戦3試合×6チーム＝18試合」＝143試合。

同一リーグ他球場における「跳ね返り具合のデータ」は、各チームともそれなりの蓄積がある。しかし、1年に1度のセ・パ交流戦は、3連戦の初戦に必ず打球の跳ね返りを入念にチェックしたものだ。

ノックで打つ打球と、投手の球を実際に打者が打ち返す「生きた打球」は、球質が全然違う。内野手がゴロ捕球の練習で足場や土の転がりを調べるように、僕はノックだけじゃなくて、「実際の打球捕球」をよくやっていた。

僕はセンターだったので、左右のバッターが右中間・左中間・真後ろ・バックスクリーンの前に打球を飛ばしたときの捕球の判断、スライスするとかしないとか……。

さらに、打球が外野フェンスに直撃したときの打球の跳ね返り方、転がり方もチェックを怠らなかった。

㉘「ファウルの打球」がないのはセンターだけ

センターは、前後左右どこの打球に対してもある程度対応できる選手が望ましい。なおかつ両翼の選手をカバーできる人に任せるのが良いのではないか。

たとえば、自分の右側が苦手な選手をライトに配置しても、自分の左側が苦手な選手をレフトに配置しても、右中間・左中間を守るセンターの選手がカバーすれば良い。

さすがに両翼ライン際までセンターがカバーするのは不可能だ。右翼ライン際に関してはライト、左翼ライン際に関してはレフト、それぞれ自分たちが守るしかない。

野村克也監督いわく「センターラインがなぜ重要か。そこに飛んだ打球にはファウルがないからだ」。

キャッチャー・ショート・セカンドに飛んだ打球でもファウルになることがあるが、センターのエリアに飛んだ打球に絶対ファウルはない。

打球が上がった瞬間、ホームラン以外、捕りにいかなくてはならない。自分が打球を後逸してしまったら、それこそランニングホームランだ。内野手のように「後ろ（外野手）に任せた」というわけにはいかない。しかもセンターは、セカンド・ショート後方の打球まで守備範囲なのだ。

29 センターは、スライスと正面の打球に注意

センターの打球処理は、（ライトに向かって）スライスする右バッターの右中間の打球、（レフトに向かって）スライスする左バッターの左中間の打球に注意しなくてはならない。

加速度的に飛んでいくからだ。

「火の球ストレート」の異名を取った藤川球児投手の浮き上がってくるようなストレートの「球質」は、おっつけ（流し打ち。押し出すようにして打つ）にいった時点で、もうバットに当たらないらしい。

亜大の先輩の井端弘和さんいわく「球2つ分上を振るくらいの感覚で、ちょうどいい」。そうでないと投球がバットの上を通過する。2つ分上を振りにいってバットの下に当たったら「きょう藤川の調子、悪いな」と思うらしい。

それでも基本に忠実にセンターにコンパクトに打ち返す意識があれば、何とか対応できたそうだ。そのときの打球はセンターに真っすぐ、僕のところに飛んできた。

センター真正面に飛んでくる打球というのは、すごくいい当たりのライナーか、投球の下にバットの真芯が当たったいわゆる「こすった」打球。無回転で伸びてきて、揺れる。どう変化するか皆目見当がつかない。前に落ちるのか、後ろに伸びるのか。捕球において実に反応が難しい。

ピッチャーの真後ろに守っていると打球の変化が判断しづらいので、左右どちらかに少し寄って角度をつけた。先述した右バッターのウッズの超強烈な打球は、ほぼセンターが中心だったので、守るのが難しかった。


センター真正面の打球で、その痛恨のエラーが1度だけある。

05年9月7日、チーム126試合目。2ゲーム差で迎えた2位・中日との天王山（ナゴヤドーム）。

9回裏、無死二・三塁で谷繁元信さんの二塁ゴロでアレックスがホーム突入。セーフの判定に激高した岡田彰布監督は、選手をベンチに引き揚げさせ、中断18分。

久保田智之投手が同点に追いつかれたが、岡田監督が久保田投手に檄を飛ばし、ピンチを脱する。延長11回、中村豊さんが決勝弾。試合後、落合監督は「監督で負けた。以上」とのコメントを残した。

この大事な一戦で、僕はやらかしていた。同点のきっかけは僕が招いた。アレックスのライナーがすごく揺れて飛んできて、はじいてしまったのだ。

「やっちまった。オレ、中日のベンチ帰らなアカンわ。でも、この難しさ、センターのオレにしかわかんねえんだよなぁ……」

30 似たタイプの投手でも「球種」「球威」によって変わるポジショニング

思い起こせば、安藤優也投手（阪神）は7、8割がたキャッチャーが構えたところに投げられた。比較的コントロールが良いピッチャーだと、思い切ったポジショニングを取りやすい。

逆にバッターも安藤投手の好制球をわかっているので、狙い球を絞ってくる。すると打球がどこに飛んでいくかを予測しやすい。極端な守備位置を取ったところに、予想通りの打球が飛んでくる。まさに「してやったり」。

本来なら捕るのが難しいはずの飛球を、ポジショニングの成功によって簡単に捕るのは、見えないファインプレーだ。外野手冥利《みょうり》に尽きる。

福原忍投手（阪神）の場合、球種的に外角ストレート・外角スライダーが多い。だから、打球は必然的に右中間に飛んで来る可能性が高い。ただ、逆球（キャッチャーが構えたコースの反対側に投げること）も投げるピッチャーだったので、そのとき打球は左中間に飛んでいく。だから、福原の場合は寄り方が少し浅めになった。

はたから見たら似ている「右のパワーピッチャー」に感じるだろうが、投げる球種も違えば、球威も違う。それに伴ってポジショニングも変わってくる。

守りづらい打者で思い浮かぶのは、先ほども名前を挙げさせてもらった左バッターの高橋由伸さんだ。広角に打球を飛ばすので、思い切ったポジショニングが取れなかった。

それでも左サイドスローのジェフ・ウィリアムス（阪神）が投げているのなら絶対、左方向の打球が多いので、極端に左に寄った。右ピッチャーの「火の球ストレート」藤川球児投手（阪神）の登板時も、いくら打ち返しても打球は左中間に集まった。

㉛両翼の守備は、ポール際のスライスとラインドライブに要注意

右バッターが振り遅れてライト線に飛んでいった打球。

左バッターが振り遅れてレフト線に飛んでいった打球。

これらのとき、**曲がり幅が大きいスライスをする。**要はバットに投球がまともに当たっていない。こすり度合いがかなり強い。

センター方面に飛んできた打球はスライスすると言っても、それなりにいい当たりでのナチュラルスライスだから捕球は比較的イージーだ。しかし、両翼に飛ぶ打球はかなりのスライス度合いが付いている。

その反対で、右バッターが引っ張ったライナーがレフト線に切れていく。

左バッターが引っ張ったライナーがライト線に切れていく。

これらのときラインドライブする（球が進行方向に回転することで、急激に落下する）。センターから見たときに、ものすごい落ち方をしている。センターにはドライブする打球というのはほとんど来ない。

サードライナーとかファーストライナーも、少しドライブがかかって飛んでいくが、外野のレフトとライトまでは距離がある分、ドライブの変化量は内野ライナーの比ではない。

これらが両翼の一番の難しさだ。両翼を守ったことがある選手にしかわからない。

ただ、このポール際の「スライス」と「ラインドライブ」の打球に関しては、センターの選手はフォローできない。

だから、**レフトの選手であれば、右バッターが引っ張ったときにラインドライブの打球、左バッターが振り遅れたときにスライスの打球が来る（ライトの選手はその反対）ということを念頭に置き、インパクトの瞬間をよく見ていれば打球に対応できる。**

自分で捕りにいかなくてはならないから、この部分での技術の向上は必須なのだ。逆に言えば、これらの打球にまったく対応できない選手は、打球の性質を理解できていないということになる。

もっと言えば、たとえば右バッターが内角の球を詰まり気味で右中間に持っていった打球の切れ方と、外角の球を右中間に持っていった打球の切れかたは違う。

前者は、回転がかかっていてスライスする。

後者は、最後にバットのヘッドを返さないと、打球が右中間にいかない。打球はライト線にいってしまう。右中間に飛んでいったということは、バットのヘッドを返したい打球なのでスライス回転しない。打球の質が全然違う。

これらもインパクトの瞬間を見ていれば、どんな打球が飛んでくるかの判断材料にできる。センターを守っていた僕は、こうしてライトに「スライスした打球がそっちに行くぞ！」と指示を出していた。

打球の質の判断ができ始めると、守り方が変わってくるし、守る楽しさが出てくる。

㉜野村克也監督に唯一の反論

「同点の9回、サヨナラの走者が出た。代走・赤星。そんな感じで起用する。ドラフトで指名してくれ」

「三遊間にゴロを転がして走れ。出塁率と盗塁で1億円プレーヤーをめざせ！」

僕がプロ入りするきっかけと1軍定着のきっかけをつくってくれた野村克也監督だが、唯一、反論することがある。

「長いプロ野球の歴史で、外野手出身の日本一監督はごくわずか。守備のとき、考えない外野手は監督に向いていない。向いているのは、よく考えているキャッチャーだ」

過去73度の日本シリーズで、日本一監督の出身ポジションは「投手14」「捕手14」「一塁手14」「二塁手5」「三塁手12」「遊撃手9」「外野手5」。

外野手出身の日本一監督の延べ5人は、01年若松勉監督（ヤクルト）、10年西村徳文監督（ロッテ）、11年・14年秋山幸二監督（ソフトバンク）、16年栗山英樹監督（日本ハム）。

現時点で外野手の日本一監督の回数は確かに少ないけれど、16年～18年のセ・リーグは、高橋由伸監督（巨人）・金本知憲監督（阪神）・緒方耕市監督（広島）・真中満監督（ヤクルト）・ラミレス監督（DeNA）と**6チーム中、実に5チームが3年間とも外野手出身監督だった。それだけ外野手が認められる時代になってきた何よりの証だ。**

僕が守備に関して熱く語ると、プロ野球記者が目を丸くする。

「赤星さんって、そこまで考えて外野を守っていたんですか……」

野村監督がご存命の間に、1度伝えたかった。

「守備のとき、僕はめちゃくちゃ考えていますよ。扇の要のキャッチャーと真逆の位置にいるわけだから、同じような視野を持っている選手が守っていてもおかしくない。この打者に対してピッチャーは何を投げるべきか、僕はいつも一球一球シミュレーションして動いていた。ポジショニングがはまったとき、それこそキャッチャーの配球がはま

ったときと同じように嬉しい。そもそも配球を読めと教えてくれたのは野村監督ご自身じゃないですか」

僕は監督に恵まれた。どの監督も僕を信頼し、ポジショニングを任せてくれた。任せてもらっているからこそ、両翼の選手に指示をしっかりと出さなくてはいけない責任を感じた。

その結果、プロ9年間で6度のゴールデングラブ賞を獲ることによって2度の優勝に貢献できた。外野手の1ポジションだけで1000試合以上出場は、プロ野球史上、僕だけらしい。

㉝ 内野手から外野手へのサイン

「バックホーム体制」「ゲッツー体制」「中間守備」など、キャッチャーから出る守備のシフトのサインは基本、内野手に対してだ。

ピッチャーからの一塁牽制時は、ライトがカバーリングに行く。キャッチャーから出たサインは外野手には見えないが、内野手が外野手に伝達してくれる。知っておかないと、もしも悪送球の場合、二塁進塁どころか三塁まで行かれてしまう。

もちろん二塁牽制時や三塁牽制時も同様だ。

関本賢太郎二塁手が僕に球種を伝達してくれた。相手チームのサインを味方に伝達するのは禁止だが、味方同士のサイン伝達は当然大丈夫だ。僕は対戦をシミュレーションした。

「このピッチャーでこのバッターなら、オレだったら、こうやって追い込んで最後はこの球種でうち取る」

僕の現役時代のレギュラー捕手は矢野燿大さん（現・監督）だった。「矢野さんが右バッターの外角に構えたから、もう少し右中間に守ろう」とか。

配球を読むことは「センター・赤星」のポジショニングに役立ったが、「ランナー・

赤星」にも「バッター・赤星」にも役立った。盗塁王5度、シーズン190安打をはじめ打率3割5度につながった。

盗塁にしても、僕の現役時代は古田敦也さん・谷繁元信さん・阿部慎之助選手（巨人）、中村武志さん（横浜）のような名捕手が存在した。

当時の配球は、セ・リーグでもストレートの真っ向勝負が多かった。3球投げたら2球はストレート。いまは逆。変化球が増えている。

当然ながらストレートのほうが変化球よりスピードが速い。すなわち盗塁成功の可能性が低かった（例／144キロのストレートのピッチャーのスライダーは128キロ程度）。

谷繁さんとは腹の探り合いだった。

走れる可能性が高い1球の変化球をいつ投げるか。

「あれ、1球目スライダーだったのに、走らなかったの（笑）」

「しまった。ワンストライクか。次行かないと、バッターのカウントが悪くなっちゃう」

2球目は外角に外される。
配球の読み合いが、盗塁・打撃・守備に確実に生きてくる。

34 近本は走攻守ともさらなる飛躍を

現在、阪神の外野を担う近本光司選手は走攻守とも、もっと上手くなれる。いや上手くならなくてはいけない。18年秋のドラフトで藤原恭大選手（大阪桐蔭高→ロッテ）を外し、辰己涼介選手（兵庫・社高→立命大）を外しても、「一番・センター」をドラフト1位で獲りにいった。それだけに周囲の要求も高くなる。

僕が見ている限り、阪神の近本光司選手は横の打球に対しては素晴らしく上手いし、守備範囲も広い。

しかし、前後の打球処理が少し弱い。特に前。捕りにいくまでのスピードがまだ遅い。

もっとチャージを強くしてランナーを突っ込ませないようにできれば、もっと良いセンターになれる。

僕を目標にするのではなく、近本選手が持つポテンシャルからすれば、攻撃面では青木宣親選手（ヤクルト）のように「打率3割20本塁打、盗塁王」を狙わなくてはならない。

㉟アマチュア外野手のポジショニング

プロ野球はリーグ戦方式で対戦数が多く、データの蓄積がある。

スコアラーは、試合とリアルタイムで専門のコンピュータ・ソフトに1球1球の結果を入力していく。当然「A投手―B打者の、打球方向の傾向」は出てくるし、3連戦初戦の試合前ミーティング等で選手たちに報告される。

矢野さんはこういう配球だが、古田さんや谷繁さんはどうだろうと、立場を変えて考えてみるのもいい。

僕は意図して左方向に打球を飛ばすので、それを中日サイドはお見通し。1歩でも2歩でも左方向に守備陣を寄せた「赤星シフト」を敷いてきた。コントロール抜群の吉見一起投手は、絶対にその守備位置にしか飛ばない球をピンポイントで投じてくる。術中にはまったことも何度かあった。中日のポジショニングとしては成功のわけだ。

だが、高校野球をはじめアマチュア野球は、トーナメント方式で対戦数が少ない。中学生以下になればなるほど、初対戦の打席でファウルを1球ずつ見て「このバッター、タイミングが合っていないな」「あの球種を狙っているな」と、ポジショニングの修正が必要になってくる。

ただし、いまの時代、ＹｏｕＴｕｂｅやＳＮＳなど、映像は豊富だ。百聞は一見にしかずではないが、ネット検索できれば重要な資料となり得る。

自チーム投手と同タイプの投手が、相手打者に対してどうやって攻め、どのような打球が飛んでいるかを参考にできる。

❸❻プロは守備コーチ、走塁コーチの分業が理想

僕の現役時代、外野守備にこだわりを持っている選手としては桧山進次郎さん（阪神92年～13年）がいた。

「阪神の四番打者３００試合以上」は21年現在歴代で11人しかいなくて、その１人。現役生活の終盤は「代打の神様」として活躍した。守備のイメージは薄いかもしれないが、打球の判断とか右中間の打球に対する入り方が上手かった。だから、桧山さんがライトを守っていると、すごく楽だった。

中村豊さん（日本ハム→阪神）は、さすが守備固めでライトに入るだけあって守備力が高かった。強肩だし、自分で考えてポジショニングを取ってくれる。いつも「ダグアウトから早く出てこい、豊さん」と思っていた。

現在のプロ野球界は指導者の人数の問題もあるのだろうが、「投手コーチ」「打撃コーチ」と比べ、「守備・走塁コーチ」が同じカテゴリーで語られてしまっている。

守備技術・走塁技術を兼備する人も少ないのだろうが、現在の野球の守備力の大切さを考えた場合、切り離したほうが選手の守備技術・走塁技術の向上には大いに寄与する気がする。

打撃練習は1人ずつやるが、走塁練習は3～4人ずつ集まってセットでやるのも疑問ではある。

37 ライトは強肩の選手が守る

ふた昔前くらいの少年野球では「ライパチ君」が、「打てなくて、守備も上手くない」選手の別名だった。ライパチとは、「8番ライト」に由来する。しかし最近は、守備は右投げのほうが守るポジションが多いし、打撃は一塁に近い左打ちのほうが有利だということで、「右投げ左打ち」の選手が増えてきた。

ライトと言ってすぐ思い浮かぶのがイチロー選手である。最高峰のメジャー・リーグにおいて「レーザービーム」と呼ばれた超強肩で、本塁や三塁を狙ったランナーを見事アウトにした。

イチローさんの存在と活躍で、「ライトの選手は上手くない」という間違った認識は払拭されたのではないか。

高校野球では僕より2年下、96年夏の甲子園決勝の「奇跡のバックホーム」が語り継がれる。延長10回裏一死満塁、サヨナラ勝利と思われた熊本工高の打者の大きなフライを、松山商高（愛媛）のライト・矢野勝嗣選手が本塁へダイレクト送球。タッチアップした三塁ランナーを刺した。延長11回表、松山商高は3点を奪って、5度目の「深紅の大旗」を手中に収めた。

㊳レフトに飛んだ打球で、一塁走者は三塁を狙わない

ライトに飛んだ打球で一塁ランナーが三塁を狙うケースは多いが、レフトに飛んだ打球で一塁ランナーが三塁を狙うケースは少ない。レフトから三塁への距離が近いからだ。そういう意味で、少し弱肩でもレフトなら大丈夫だと言える。

僕は社会人野球時代の「都市対抗野球大会」、1年目の98年は自チームのJR東日本（東京代表）でショートとして出場しているが、2年目に東京ガス（東京代表）の補強選手としてレフトで2試合出場している。

当時は社会人野球も金属バットを使用していて、右打者のすごくドライブがかかった打球が飛んできた。打った瞬間後方に下がりかけたが、打球がドライブ回転で落下していくのがわかったので、前進して逆シングルキャッチでさばいた。

2回戦の西濃運輸（東海代表）に敗れたが、僕はレフトで出場して補殺を1個記録した。

こぼれ話となるが、その東京ガスの補強選手3人が阪神に指名された。

・伊達昌司（神奈川・法政二高↓法大↓プリンスホテル↓00年阪神ドラフト2位）
・赤星憲広（愛知・大府高↓亜大↓JR東日本↓00年阪神ドラフト4位）
・沖原佳典（愛媛・西条高↓亜大↓NTT東日本↓00年阪神ドラフト6位）

おまけに東京ガスが1回戦で対戦した日本生命（近畿代表）の補強選手で藤本敦士選手が7位で指名。思わぬ偶然が重なった。

高校野球も金属バットを使用するので、ラインドライブの打球の処理は難しい。

ただ、センターに比べ、レフトはピッチャーが投げる角度が斜めから見えるので、その分、打球は見やすい。

二遊間を守っていた選手が、外野でも対応できるのは、もともとあまり角度がないポジションを守っていたから。

言うなればレフトは「サードの延長線上」、ライトは「ファーストの延長線上」のポジションだ。

本職がサードの佐藤輝明（阪神）が1年目からライトを守って、頑張っていた。サードもライトも角度がついていて打球が見やすいが、打球が真正面になるセンターだったら、かなり難しかったに違いない。

その意味で、前出の秋山幸二さんはサードからセンターに転向して、11度のゴールデングラブ賞に輝いた。傑出した身体能力のなせる業かもしれない。

第4章　実はここまでやっている　外野手の技術

㊴ 自分が一番捕りやすいグラブの指の入れ方

野球において、グラブは体の一部であるわけだから、自分が捕りやすいはめ方が一番いい。

内野手は、グラブの指の５パーツに、それぞれの指５本をきれいに入れるか、人差し指１本だけグラブの外に出している。

打球を捕ったとき、人差し指が痛いので、グラブの外に出すのではない。内野手はグラブを「面」として扱うイメージ。ボールを早く持ち替えるために、ポケットに入ったボールを人差し指で外から瞬間的に押し出している。

外野への打球は勢いがついている分、捕球の瞬間はやはり痛い。内野手のような指の入れ方をしている外野手はあまりいない。

僕の場合、人差し指をグラブの外に出さないので1本ずつずらす。つまり、人差し指をずらしてグラブ中指のパーツに入れ、中指をずらしてグラブ薬指のパーツに入れ、薬指と小指の2本を一緒にグラブ小指のパーツに入れる。

40 盗塁に似ている守備の構え

守備で打球を待つのには、どんな構えがいいのか。危機管理の観点からすれば、たとえば「右方向の打球処理が苦手な選手は右足を1歩引き、右側の視界を広くオープンにして構える。打球が飛んだ方向の足を1歩目に出して走り始める」のが基本といわれているが……。

僕は「基本って誰がつくったの？」と、いつも不思議に思う。十人十色の選手が存在するのだから、各選手が一番やりやすい方法が、やはり一番いいと思う。

僕らがアマチュア時代、「バットスイングの基本は、ダウンスイングかレベルスイング。

アッパースイングだけはダメ」と言われていた。しかし、現在はいわゆる「フライボール革命」全盛時代。「アッパースイングで打球角度26度~30度で飛び出した打球が、安打や本塁打になる確率が最も高い」と言われている。

ひと昔前の内野手は、「打球へのスタートを切りやすいように、両手を両ヒザに置き、投手が投げる瞬間ツマ先に体重をのせる」のが「基本の構え」と言われていた。だが、自分の少し後方にハーフライナーが打たれると、逆をつかれてまったく身動きが取れなくなる。

僕が言わんとすることは、まず指導者が基本とか固定観念にとらわれすぎるのではなく、柔軟な思考で「プレーヤーに一番適した構えを見つけてほしい」ということ。まず自分で実際に動いて試してみたらいい。四方八方にスタートを切ってみる。後ろへの切り返しが弱い人、グラブをはめている手の方向が弱い人。「利き目」の問題で、どちらかが得手不得手ということもあり得る。試行錯誤を重ねてみて初めてわかることがあるはずなのだ。

四方八方に一番俊敏に動きやすい構えを見つけ出す。「1歩目のスタート」がとても大事。その上で苦手な方向をまずはケアする「自分に最適の守りの構え」がきっと見つかるはずだ。どういう構えが理想かは、自分で見つけ、自分で作るべきなのだ。それに、たとえばセンターを守っていて、右中間への打球が多い打者ならば、自然と右中間方向に構えるし、その逆もある。

僕の場合、一番しっくりくるのが、実は「盗塁の構え」だった。二塁にスタートが切りやすい。牽制球で一塁に戻りやすい。右にも左にも1歩目のスタートが切りやすい。低すぎてもいけない。その構える高さ、体重のかけ方。「守ること」と「走ること」は連動するとさえ思っていたほどだ。

いま書いているのは、打球を捕る前のこと。「グラブのはめ方」「打球を待つ構ぇ方」からしてこんなにたくさんあるのだから、やはり守備はすごく奥深いし、大事だと改めて思う。

内野フライは角度がついていないため、角度がついている外野フライに比べて捕るのは確かに難しい。だからといって「内野でゴロが捕れないなら、外野に行け」とか簡単に言ったり、外野がどれだけ難しいかわかっていない指導者もいる。大事なのは、プレーヤーが外野と内野、どちらが得意かということだ。

41 守備機会A〈飛球を直接キャッチする＝刺殺〉

外野守備とひとことで言うが、大別して4つに分類される。

A「飛球を直接キャッチする」
B「ヒットの打球を処理する」
C「他の野手の守備をカバーする」
D「送球で走者をアウトにする」

まずはAの場合だ。

先述したように、プロの選手でも、フライ捕球を苦手にする選手は意外と多い。読者の方の中には野球をプレーしていない方もいらっしゃるだろう。高校生だとある程度高いレベルで話さなくてはいけないし、中学生以上の技術レベルで話をする。

1．打球を見て落下点を予測して走る
2．手を出して追わない。グラブを出すのは捕球直前
3．落下地点に素早く入る
4．基本、シングルキャッチで

1．フライが打ち出された瞬間、まずは「どのあたりに落下するか」をある程度、想定する。それは打球角度、打球速度から想定するのだ。
内野手に比べたら落下地点まで時間をかけられる分、捕るタイミングを追いかけなが

ら合わせられる。その感覚が理解できれば、外野守備の第1段階としてすごく高いレベルにいける。

2.グラブをはめたほうの手を出して追わない。「捕らなくてはいけない」「捕る自信がない」という焦る気持ちの表れだと思うが、グラブが邪魔になるし、間違いなくスピードが落ちる。

指導者が「フライを捕るところまでは一生懸命走れ。グラブは最後に出したらいいんだよ」と教えてあげればいい。グラブを出すのは、遅ければ遅いほどいい。

ラグビー選手は、ラグビーボールを抱えたまま走る練習をしている。当然走りづらいが、慣れるに従って自分の体に同一化された走りが可能になるそうだ。

野球の守備でも、内野手に比べて外野手はグラブをはめて走る距離が長い。野球はベースランニングなど攻撃時の走る練習はするが、守備時の走る練習を採り入れるべきだ。外野手がグラブをはめたまま走る。捕手がマスク・プロテクター・レガースをつけたまま走る練習だ。

実際のノックの打球がなくてもいい。フライが飛んだと仮定し、グラブやプロテクターをつけたまま、宙を見たり切り返しながら走るのだ。これは効果的だと思う。

3．落下地点プラス、次に投げやすい体勢を考えて、いい体勢で捕る。落下地点にたどり着くのがぎりぎりだったら、まず捕ることを最優先する。

4．昔はよく「両手で丁寧に捕れ」と言われたと思うが、風の影響でフライも変化しやすいし、両手でいくとグラブがついていかないことがある。片手のほうがぎりぎりまでフライの変化に対応できる。

ただし、次の送球動作を考えたとき、もう片方の手をグラブの近くに備えておくのは必要だ。

㊷守備機会B〈ヒットの打球を処理する〉

外野におけるゴロの悪い捕球姿勢。かつては常識とされてきたが、これではイレギュラーに対応できない

ヒットの打球は、基本的にゴロの処理になる。野球経験のある方の多くは「（右利きの外野手だったら）右ヒザを地面について左ヒザを曲げ、体の正面で丁寧に両手で捕れ」と指導されたと思う。

これも、いわゆる「常識のウソ」で、一番やってはいけないこと。**イレギュラーバウンドしたら対応できない**。せめて右ヒザをついていなかったら体で打球を止められるが、ヒザをついていたら動け

外野におけるゴロの良い捕球姿勢。右手はグラブ付近で備える程度

ない。

　ではどうすればよいのかといえば、グラブをはめた片手で捕る。外野手がゴロの打球を処理するときは、グラブを立てないとダメだ。イレギュラーしたとき、グラブを寝かせていると、打球がグラブに当たらないで後逸してしまう。

　グラブを立てておけば、打球がイレギュラーしても、グラブに当たって前に落ちる。

　投げるほうの手はグラブの近くに備え、グラブと反対方向にイレギュラーバウンドした際には素手ではたき落とす。

無死走者なし、二死走者なしなど、急いで返球する必要のない場面では、まず打球を後ろにやらないことが大切。捕球したボールを持ったまま、カットマン（中継）まで近づけばいい。

43 守備機会C〈他の野手の守備をカバーする〉

外野手がやるべきカバーリングは、大きく分けて次の3通りある。

1. 内野手へのカバー
2. 外野手同士のカバー
3. 一塁方向への守備機会でカバーに入る

1. 外野手の守備で絶対的に大事なことはカバーリングだ。内野手の後ろには外野手がいるが、外野手は「最後の砦」だ。外野手がしっかりカバーリングに備えていれば、内野手のエラーやスローイングミスを軽減できる。

よく言われることだが、**99回しっかりカバーリングに行っていても、100回目のカバーを怠ったところにボールが飛んで行ったら、それまで99回やってきた努力は水の泡となる。**

外野手のカバーリングがうまくいったことにより、ランナーの進塁を1つ防げる。だから、鳥谷敬選手の遊撃守備がどんなに上手くても、僕は絶対カバーリングに行っていた。セ・リーグ遊撃手のシーズン最多守備機会記録は08年鳥谷選手の754。僕は何らかの形で毎回カバーリングに行った。極端な話、「たまにはエラーしろよ」と思っていたぐらい（笑）。もちろん何事もなければ、「細心の注意」は「安堵感」として昇華する。

ショートにゴロが飛ぶ。レフトとセンターは、ショート方向にカバーに動く。ショートがゴロを捕球し、一塁送球した時点で、ライトは一塁ベースのカバーに走る。ランナーがいるかいないかで、また動きは変わってくる。

僕はこの「カバーリング」が強いチームの象徴だと思っている。やっぱり甲子園大会で優勝する高校の守備を見ていると、カバーリングをきちんとやっている。常にボールは1個しかないわけだから、その1個に対して全員がしっかり動いている。

2. **僕のようにセンターを守っていた人間からしたら、両翼（ライト、レフト）のカバーは絶対行かなくてはいけないと思っている。**

クッションボール処理は、最終的には両サイドの本人たちの範疇《はんちゅう》なのだが、とにかく1個のボールに対してどれだけカバーリングに動けるか。

レフトは、内野ゴロ一塁送球のカバーが関係ないので、カバーの量は一番少ない。ライトからの「バックサード」送球のカバー、センターの打球処理のカバーがある。

3. **ライトは、三塁・遊撃・二塁・一塁。内野ゴロが飛んだら必ず一塁のカバーに走らなくてはならない大変なポジションだ。**走者一塁のゲッツーだったら、まず二塁方向にカバーに走り、そのあと蛇行して一塁方向にカバーに走る。動く距離も長い。

先述したように、昔はうまくない選手の守備位置・打順を「ライパチ」（ライトの8番打者）と呼んで揶揄《やゆ》したが、とんでもないことだ。

送球の「バックサード」も距離があって、「送球力」が求められる。

44 守備機会D〈送球で走者をアウトにする＝補殺〉

送球で走者をアウトにしたいとき。

1．右利きなら、右足を前に出して捕って、左足ワンステップで送球。

2．右利きなら、左足を前に出して捕って、右足・左足ワンステップずつで送球（専門用語でクロウホップと呼ぶ）。

1は、左足前の空間エリアがあるのでゴロの打球を捕りやすい。

2は、左足があって、空間エリアがないのでゴロの打球は取りづらい。しかし、右足・左足ワンステップずつで、左足に体重をのせて力強く投げられる。1だと、結局はもう1ステップずつ踏まないといけない。

右利きの僕は、ここ一番バックホームの勝負にいくとき、左足を前に出して打球を捕って、送球にいった。だが、大事なのは、その選手にとって「いかに速やかに送球態勢に持っていけるか」。何度か試してみて、どちらの足が前のほうが投げやすいかを自分で確かめておく。そして「ここ一番の勝負のとき」は、その足を前に出して捕球し、送球すればよい。

送球でランナーを刺すのは、外野手最大の見せ場であり、「醍醐味」だ。だが、厳禁なのは「高投」だ。

イチローさんや新庄剛志さんクラスの低くて強いダイレクト送球ができれば話は別だが、外野手はとにかく高い球だけは投げたらダメだ。

バックホームでノーバウンド送球してアウト・セーフの結果は別問題として、**再びバッターランナーを二塁（スコアリングポジション）に置いてのピンチが続く可能性が高い。**

カットマンへの球がワンバウンドになってもいい。低い送球のほうが、「速く強く正確」な送球になる。中継に入った内野手が、ランナーの走り具合によってカットも選べる。スルーも選べる。しかし高い球は、カットマンがはなから手のほどこしようがないのだ。本当に強肩であるのなら、カットマンの頭の高さに、低い球で返したほうがいい。欲を言えば背中側ではなく、グラブ側。次に投げやすい。

1987年、僕がまだ小学5年生のときの日本シリーズ巨人―西武。秋山幸二さんのセンター前ヒットで、一塁走者・辻発彦さんが長駆ホームインした伝説のシーン。センター・クロマティの緩慢な動作に加え、半身で待つショート・川相昌弘さんの背中側に送球がいってしまい、川相さんは右回転するしかなかった。雌雄を決した送球になった。

センターからのバックホームは、マウンドに当たると弾んでしまうので、マウンドよりホーム寄りに落とさなくてはいけないのだが、ワンバウンドするとシュート回転することも考慮しておかないといけない。

そして、バックホームもキャッチャーの背中側ではなく、左手のミット側に投げる。背中側にそれてもキャッチャーは「コリジョン（衝突）ルール」でブロックできないし、キャッチャーの背中側への球だと捕ってから「追いタッチ」になって、ランナーに回り込まれてしまう。

本当にピンポイントで投げないとアウトにできない。三塁コーチはどんどんホームに突入させている。

「バックサード」のとき、ライトやセンターからの送球が、三塁を狙ったランナーと重なってしまうときがある。だから三塁ベースのレフト側よりも、三塁ベースのホーム側に投げるほうがランナーと重ならない。

センターからの「バックサード」は本当にランナーと重なりやすい。僕のエラーは、捕球ミスより、この送球ミスが多かった。センターから三塁は距離が近いので、アウトにしたくなるのだが、ランナーの背中に送球が当たってしまい、ボールが転々としている間に、バッターランナーの二塁進塁を許してしまう。

45 ダイビングキャッチは危険すぎる

僕が考える「外野守備の上手い人」とは、ダイブなどしなくても、そこまで早く行ける選手。普通だったら絶対スライディングキャッチなりダイビングキャッチをしなくては追いつけていない打球を、さり気なく捕っている外野手のこと。

それは足が速いから到達できるというだけではなく、1歩目のスタートが早いとか、ポジショニングが良いからこそ成し得る業なのだ。

手前味噌になって恐縮だが、僕は「盗塁王」獲得5度より、「ゴールデングラブ賞」受賞6度のほうが多い。その要因は先述したように、足の速さはもちろんだが、**1歩目**

のスタートの早さであり、ポジショニングという「準備」だ。

おそらく他の外野手だったら、とっくに地面に落ちてヒットになっている打球を、まだ追いかけている。「ダイブしたら捕れるんちゃうか」。結局、それが大ケガにつながってしまったのであるが……。

外野手の本能で、飛びつけばヒットになるのを防げるのなら、思わず飛びついてしまう。だが、やはり勝敗を決する場面以外は、ダイビングキャッチは避けたほうがいい。僕のようにダイビングキャッチが原因で野球生命を断たれた人間だからこそ、主張しておきたい。

ただ、どうしても飛ばなくてはならない場合は、せめてなるべく低く飛ぶ。ただでさえ長い距離を全速力で走って勢いがついている。高いところから飛んだら衝撃はとてつもない。高橋由伸さんもダイビングキャッチをよく試みたため、ケガが絶えなかった。

だから、ケガをしないためのダイビングキャッチの練習なんてもってのほか。本末転倒だ。

それならば、「スライディングキャッチ」の技術を磨いたほうがいい。走塁時においてスライディングは絶対にやっている動作なので、どういうふうにスライディングしたら捕りやすいのかという練習もしやすいはずだ。まだ、スライディングはどっちの足を下にしても滑れるのが理想だ。

体が地面に付くか付かないかのぎりぎりのプレーのとき、手を伸ばして体が前かがみになるとミスしやすい。それをスライディングすることによって低い体勢で捕りにいけると、ミスが軽減できる。

ただ気をつけなくてはいけないのは、スライディングして手首を巻き込んでしまうこと。

実際、松井秀喜さんはヤンキース入団3年連続100打点、初の打率3割をマークして、さあこれからだという4年目。スライディングキャッチの際、捕球した左手を巻き込んで骨折してしまった。

46 フェンス際の打球と、クッションボールの処理

捕れなくてフェンス直撃になったとしても「クッションボールの処理の仕方」で、二塁打になるか三塁打になるか、大きく変わる。

1.一度フェンスまで下がり、手で触れてフェンスの位置を確認。頭上を越えそうだと判断したら、直接捕球ではなく、早めに「クッションボールの処理」に方向転換する
2.予想外の跳ね返りに備えて、フェンスに必要以上に近づきすぎない
3.背中越しの送球になるので、あらかじめ投げる方向を考えておく

1.フェンスぎりぎりの打球が飛んだとき、上手くない選手というのは打球に合わせながら少しずつ追いかけていく。そうではなく、前もって自分の守備位置からフェンス

までの距離を把握しておく。

たとえばフェンスまで15歩だったとする。先ほどの「打球落下地点の予測」ではないが、フェンスぎりぎりの打球だと思ったら、まず15歩下がってしまう。フェンスの位置を手で触って確認する。そして、振り返る。

下がるときは、フライから目を切ってもいい。フライは落下するまで時間があるので大丈夫だ。一度目を切ったほうがフェンスまで早く下がれる。もしフライの落下地点がフェンスより前だったら、前進すればいいだけの話だ。

ライナーの打球に関しては、落下地点をイメージする。打球速度がフライに比べて速いだけに、一度目を切って次に見たとき、打球の位置をしっかり見つけられるかどうかが重要となる。

2.クッションボールに関しては、本来二塁打で止められるところを、捕れると思って深追いし、逆にクッションボールの処理ができずに三塁打にしてしまったりする。**これは、足が速い外野手や守備範囲が広い外野手に起こり得る「深追い現象」だ。**

もちろん、そういう外野手だからこそ直接キャッチをしてピンチを無難に防ぐことは多々ある。打球の見極め、判断が大事である。

ラバーフェンスに当たったときはある程度跳ね返ってくるが、金網に当たったら全然跳ね返ってこない場合もある。

両翼（ライト・レフト）の外野手は、角張っているフェンスにライナーが当たった場合、ゴロが当たった場合、それぞれどういう跳ね返りをするのか、試合前練習で把握できるのなら把握しておいたほうがいい。

いずれにせよクッションボールを処理するとき、どの位置で待っていれば一番理想なのか。フェンスにぶつかって跳ね返った打球が速く強くても、遅くても、不規則なボールがきても、「この距離ならすぐに捕りにいける」という絶妙な距離感を知っておくことも大事だ。

3.クッションボールを処理しているとき、ダイヤモンドを背にしているので、ランナーがどこを走っているかわからない。

現役時代のある試合、ツーアウト、ランナー一塁で右中間を完全に破られた。クッションボールを処理した僕は振り返りざま「バックホーム」の中継につなごうとしたら、カットマンはバッターランナーを刺す「バックサード」の中継体制になっている。

「なんでやねん？」

ツーアウトで打球が飛んだ瞬間スタートを切っているから普通ならホームは無理でも、一塁ランナーがピッチャーだったのでバックホームにつなごうと考えていた。事実、そのときはバックホームにつないだら刺せたと思う。**「送球」のために「捕球の体勢」を考えなくてはいけないし、どこに送球するのかの「方向」まで、あらかじめ考えておかなくてはいけない。**

つまり、外野守備とは「予測の勝負」なのだ。

・打球の落下地点の予測

・クッションボールに対する予測
・送球への予測

当然ながらボールは1個しかない。外野手は、バッターボックスから一番距離があるわけだから、ボールがどう動くかのシミュレーションをする必要が生じる。

47 フライから「目を切る」練習は必ずやっておく

先ほど、「フェンス際のフライは一度目を切って追う」ということを言ったが、**「外野手同士の連携」という意味で考えても、この「目を切る練習」というのは絶対必要だ。**なぜなら、目を切ることができないと、他の外野手の動きを見ることができないからだ。

1.「声の連携」が届かない、大観声の球場ではジェスチャーで

2.右中間、左中間間の飛球は、基本的にセンターが捕る
3.内外野の中間に飛んだ飛球は、前進で捕れる外野手が捕る

1.目を切らなくても「声をかけあえばいいのでは？」と思うかもしれない。しかし、高校より上のレベルになると観客の大歓声で「声の連携」がかき消され、必然的に他の外野手のジェスチャーを見るしかなくなる。

まさに甲子園球場がそうだ。大歓声で、他の外野手の声が聞こえない。僕の現役時代、センターは僕、レフトが金本知憲さん。どちらかといえば、金本さんは守備が得意なほうではない。

外野フライが上がったとき一度目をはずしてフライを追うのが、僕は幸い得意だった。左中間に打球が飛んだ場合、まず2人で打球を追いかける。近くまで行ったら声が聞こえる。

「ＯＫＯＫ、マイボール！」

阪神甲子園球場の外野スタンド。これだけの大観衆の中では、選手同士の声はまったく聞こえない（写真：日刊スポーツ／朝日新聞社）

ジェスチャーもつける。

金本さんもフライから目をはずす。

（よっしゃ、赤星任せたぞ！）

アイコンタクトだ。

この場合、センターの僕が捕るとなれば、レフトの金本さんが早めに僕のカバーに回ってくれるし、レフトの金本さんが捕るとなれば、センターの僕が早めに金本さんのカバーに回れた。


同じ時代、桜井広大という選手がライトを守っていた。この選手は長打力が売りだったが、守備を苦手としていた。右中間に打球が飛んだとき、まず2人で打球を追う。

だが、桜井は早々に打球から目を切って、僕のほうを見ている。

（赤星さん、お願いします！）

（これはライトやろ。……え、オレなの？）

いや、でも、これもアイコンタクトだ。これはこれでいい。

だからこそ、**先ほど言った「目を切って追う練習」は絶対採り入れなくてはいけない。片方の選手が目を切れないと、両選手が追っていって衝突してしまう。**

2．2人が打球の近くまで追っていって、「さあどちらが捕るか」となったとき、センターが「自分が捕る」意思を示したら、もうセンター優先。事前にチーム内で確認しておいたほうがいい。外国人選手がいるチームはなおさらだ。「ＯＫ、ｍｅ、ｍｅ」でもいい。

3．外野手と内野手の中間に打球が落ちそうなときは、アイコンタクトなり、声の連携を取った上で、外野手に任せる。

特に三塁ランナーがタッチアップした場合など、内野手が捕球したら体勢が崩れていてバックホームできない。外野手が捕っていれば、前進した勢いそのままバックホームできるからだ。

48 「忍者」菊池のポジショニング

本来なら難しい飛球を、簡単に捕る。安打を一つもぎ捕ることは、安打を一つ打ったのと同等の価値がある。「ポジショニング」の成功は、見えないファインプレーである。

外野手ではないが、たとえば13年から9年連続して二塁手ゴールデングラブ賞の菊池涼介選手（広島）。

マスコミはアクロバティックに打球を捕るところだけを切り取ってクローズアップし、

「忍者のように捕る」と表現するが、彼の一番のすごさはポジショニング。ただ追いついているだけでなく、**最初からとんでもないところで守っていたりするし、動き出しが実に早い。だから、並みの選手がダイビングキャッチを試みたところで絶対に届かないような場所でも捕ることができる。**

データで見ても、菊池選手の補殺数は頭ひとつ抜けている。（編集部注＝投げて走者をアウトにする「補殺」。セ・リーグ最多補殺＝14年広島・菊池の１４４試合５３５補殺。パ・リーグ最多補殺＝18年ロッテ・中村奨吾の１４３試合４８６補殺。参考＝６年連続ゴールデングラブ中日・荒木の最多は05年１４５試合４９６補殺。菊池は他２人と比較してシーズン40～50個ほど多い）

49 現役時代で一番上手いと感じたのは福留孝介

注意して見ていると、菊池選手のような準備や動き、すなわち「ポジショニング」をしている内野手は存在するが、外野手には少ない。

僕が現役時代にプレーしている中で、一番上手いと思っていたのが福留孝介選手だ。ショートでプロ入りして、完全に外野手に転向した02年、打っては首位打者、守ってはいきなりゴールデングラブ賞を受賞した。

チャージ力があって、モーションも小さく、強肩で送球も安定。すべてがそろっているといっていい。

足はそんなに速くないのに、守備範囲が広いというのは、すなわちポジショニングが優れているという証明だ。

僕が左打席で構えたときに、視界に入っていなかったはずのライト・福留が、いつの間にか視界に入ってくる。ポジショニングだ。

井端弘和さんや宮本慎也さん（ヤクルト）など、ショートを守る内野手にそういう人はいたが、外野手では稀有の存在だった。

「脚力があるのだからポジショニングをしっかりやれば、捕れそうもない打球に追いついて、良い外野手になれる」
僕はいま野球解説者として、そういったポテンシャルのある外野手を注視して探している。

50 シミュレーション・ノック

僕は、あらゆる練習の中でも「イメージトレーニング」が特に必要だと思う。別にボールなんか飛んでこなくてもいい。「体を動かす頭のトレーニング」。

「考える野球」を標榜した野村克也監督は現役時代、翌日の対戦相手の一番打者から九番打者まで「どういうリードをしようか」と毎晩シミュレーションしたそうだ。

それに最近、五輪に出るようなアスリートにとって、どんな競技においても「イメージトレーニング」は欠かせなくなっている。

たとえば、自分がセンターを守っているという想定。一番バッター・近本光司。ショートゴロ。センターは、ショートのカバーにまず行く。ショート・坂本勇人がゴロをさばいて一塁送球、ワンアウト。

二番バッター・中野拓夢。レフトフライ。レフト・ウィーラーが判断ミスして打球はレフトオーバー。ということは、センターの自分がこのまま完全にレフトをカバーしなくては……。クッションボールは意外と跳ね返らず、拾った打球をショートに返す。バッターランナーの中野は二塁ベースを回りかけて、戻る。

ワンアウトランナー二塁。三番バッター・マルテ。結構引っ張りの強いバッター。センターの僕はポジショニングを少し左中間寄りに移動して構える。予測通りセンター前、左中間に飛んできた。

この打球だと二塁ランナーがホームに還れるかどうかのクロスプレーになる。ならば絶対に高投しない。バッターランナーのマルテを二塁に進塁させないために、カットマンの坂本のグラブ側にしっかり返す。坂本は振り向きざまにホームに投げるが、生還を許す。

1点入ってなおワンアウト一塁、四番バッター・大山悠輔……。いわば「シミュレーション・ノック」だ。

このようなイメージトレーニングは、ワンランク上を目指すためには絶対必要だ。

51 外野手冥利に尽きるとき

小・中学生のチームで、絶対的なピッチャーが存在したら、なかなか外野に打球が飛んでこない。高校・大学・社会人・プロになるに従って、外野手の存在そのものの必要性が高まっていく。外野手が「自分が外野をやっていてよかったな」と、思えるのは高校レベル以上ではないか。

外野手冥利に尽きるのは、送球で走者を刺したとき（補殺）。事前に守備位置を予測した「ポジショニング」により、ピッチャーが「やられた」と思った打球をさりげなくアウトにしたとき。

僕の現役時代、エースは井川慶。03年は20勝5敗。最多勝と防御率1位。ストレートで三振か内野ポップフライ。チェンジアップで内野ゴロ、凡打の山を築く。好調なときはほとんど外野に打球が飛んでこない。それでもチェンジアップをちょこんと合わされて外野の前に落ちそうな打球を予測して捕る。井川とキャッチャーの矢野燿大さんの喜ぶ姿を見たときは外野手冥利に尽きた。

この「なんでもなかったようにアウトにする」のが投手を勇気づける。

内野手で10度ゴールデングラブ賞を受賞した名手・宮本慎也さんも同じことを言っていたらしい。

52 打球データを取りまくり「赤星ノート」に記した

僕は試合のメモどころか、いろいろなデータを取りまくっていた。ただ、「各打者の打球方向」のデータというのは自分では出せないので、スコアラーにかなり依頼した。

対戦前に見直すと、前回対戦したときと打球方向が変わっているバッターが結構いる。それは左右どちらかのピッチャーとの対戦が多かったからの理由ではなく、先々週は右中間方向の打球が多かったのに、先週は左中間方向の打球が増えている。狙い球を変えているのかもしれない。

だから「このバッターはどちら方向の打球が多いバッターだ」と一概に決めつけられない。今週も打球方向が変わる可能性がある。そういう場合は1打席目のスイングを見てポジショニングを変える。ベンチから「このバッターの打球傾向からして、もっと右に寄れ」などと指示してくる場合ももちろんあるが、それを無視して（笑）、**1打席目のスイングを注視した。当日のそのバッターの調子も関係してくる。**

たとえば僕の現役時代で言えば、すでに何度かお名前を挙げさせていただいている高橋由伸さんが一番守りにくかった。好調時は打球が左中間を襲い、不調時は打球が右中間に飛ぶ。しかし、基本的に広角に打てる。好調時で左中間を予測していても、変化球を打ったときは右中間に飛んだりする。

僕が言いたいのは、杓子定規に「打球傾向のデータ」だけを信じるのではなく、その試合のピッチャーの球種やバッターの調子を見よ、ということだ。

最近、内野陣が極端なシフトを敷くのが流行りだ。引っ張る左バッターのときに一・二塁間に一塁手、二塁手、ショートが守る。こういったシフトは後ろに外野手がいるからできること。

たとえば外野手のレフトが左中間にいて、センターが右中間にいて、ライトがライト線を守っていて、バッターが振り遅れてレフト線に打球が飛んだら三塁打かランニングホームランになってしまう。

センターを守っていた僕の守備位置の移動に伴って、レフトの金本知憲さんやライトの桧山進次郎さんの守備位置を指示させていただいたが、さすがに内野手ほどの極端な守備隊形はとれなかった。

53 状況24通りの中で「走者一・三塁」が一番難しい

野球の状況は24通りある。

走者なし、走者一塁、走者二塁、走者三塁。

走者一・二塁、走者一・三塁、走者二・三塁、走者満塁。

その8通り×無死の場合、一死の場合、二死の場合＝24通り。

中でも難しいのが「走者一・三塁」の守備。プロ野球のミーティングには「走者一・三塁の攻防」という項目があるくらいだ。

攻撃陣の戦法は、
・バント＝一塁走者だけを送り、三塁走者はそのまま。スクイズ。

・盗塁＝一塁走者だけ。ダブルスチール。
・強打＝内野ゴロ。外野フライ。ヒット。ヒットエンドラン。

それに伴い内野守備隊形（特にセカンド、ショート）は、

・バックホーム（前進守備）
・ゲッツー体制（ダイヤモンドより少し後ろ）
・中間守備（バックホームとゲッツーの両方に対応＝ダイヤモンドのライン上）
・オールファースト（定位置）

そこにイニング、点差、アウトカウント、投手と打者、そんな条件が絡み合う。

ベンチが内野陣にどの守備隊形を指示するかによって、外野手のポジショニングや、どこにカバーリングに行くのかも変わってくる。

外野手は全員定位置なのか、センターの僕だけ少し前に出て両翼のレフト・ライトは

定位置、逆にセンターの僕だけ定位置で両翼レフト・ライトは前に出る、など。

しかも、**どんな打球が飛んだかによって、守る対応を始めるのでは遅すぎる。あらかじめシミュレーションすることが必要不可欠だ。**

わかりやすくバッティングで言えば、ストレートを待っていて変化球に対応できるのは一流のバッターだ。大谷翔平君のように変化球を待っていて、ある程度のストレートなら打てるよというのは超一流のバッターだ。

来た球を打ちにいくだけでは絶対プロの世界では打てない。だから、普通のほとんどのバッターはヤマを張る。内角だとか、外角だとか。ストレートだろうとか、スライダーだろうとか。野村監督が「ヤマを張れ」と言っていたのはそういうことだし、テレビ中継で野球解説者がコースや球種を予想するのはそのためなのだ。

素振りでも、よく打つ選手は絶対に「イメージトレーニング」をしている。やみくもに振るのではない。1打席目は先発○○投手で「1球目外角低めスライダー（ストライク）、2球目内角高めストレート（ボール）、3球目……」。2打席目はこんな感じ。3打席目はあんな感じ。最後の4打席目はストッパーの○○投手の「フォークの連投」といった具合だ。

54「走者一・三塁」は、特にシミュレーションが必要

守備も一緒だ。相手の攻撃は「こういうサインが出て、こういう打球が飛んでくる」という可能性をシミュレーションする。特に「走者一・三塁」は攻撃のバリエーションが多いため、それに対応する守備もバリエーションが多くなるのは必然だ。

走者一・三塁になって内野陣がマウンドに集まる。1分から2分。その間にシミュレーションをする。僕は瞬時に50通りぐらいのイメージ映像が頭に浮かんだ。

たとえば「前方へのフライが来たとき、タッチアップの走者を刺すために、センターの僕はワンバウンドでキャッチャーのミット方向にバックホームする」「セカンドゴロ・ゲッツーのとき、まず二塁のカバーリング、そのあとショートの悪送球に備えて一塁方向に走る」など。

そんな映像が多く思い浮かぶほど対応力が高いということ。もし、現在アマチュアなどで外野手をやっている読者の方で、自分で頭の整理がつかないという場合は、「外野フライのときはこういう動き」「セカンドゴロ・ゲッツーのときはこういう動き」と、時間があるときにノートに書き出しておくといいと思う。それは野球脳を鍛える大切な練習になる。

行き当たりばったり。出たところ勝負はいただけない。「走者一・三塁」でよく一塁走者盗塁、キャッチャーが二塁悪送球。ボールが右中間を転々とする間に三塁走者はもちろん、走った一塁走者もホームインなどというのは愚の骨頂。センターとライトでシミュレーションができていない最たる例だ。

三塁ランナーが「ゴロ・ゴー」なのか「当たりゴー（ギャンブルスタート）」なのかによっても変わってくる。それは三塁ランナーのリードやスタートを見ていればわかるものだ。

（編集部注／ゴロ・ゴーは、打者がゴロを打ったのを見てからスタート。当たりゴーは、打者のバットに投球が当たったのを見てからスタート）

ツーストライクになったらほぼ「当たりゴー」。「当たりゴー」は、バッターが軽打にくる可能性が高い。投球にバットを当てにいって、上から叩くのでポップフライになりやすい。内野と外野の中間に飛んでくる。そのときのために、外野手はポジショニングを一歩前にする。

特に試合終盤、相手チームに山本由伸（オリックス）みたいな絶対的エースが投げていたら（21年得点圏被打率・176、防御率1・39）、1点取られるも2点取られるも変わらない。そうであれば、ポテンヒットで三塁ランナーを還させない。外野手もバックホームで刺せる思い切った前進守備をとるのだ。

第5章　外野手としての工夫とトレーニング

55 フライが揺れて見えてしまう打球の追い方

ノックのバリエーションのひとつにアメリカンノックがあるが、これは長い距離を走るので、疲れて目線がブレてくる。また、基本的には横にだけ動くことになる。どちらかと言えばピッチャーの下半身強化のためにやるものだ。

ノッカーが打つフライを外野手が捕るのであれば、ボールを斜め前に置いて捕る練習が大事だ。打者から距離が短い内野手は仕方ないが、すでに指摘した通り外野手がフライを真上に置いて捕っては絶対ダメだ。

ところで、外野フライが苦手という人で、フライの打球が揺れて見えている場合がある。これは普通に走っているときは何ともないのに、**グラブをはめた腕を振って走ると知らぬ間に体をムダに動かしてしまうからだ。体が動けば頭も動くから目線がブレる。**

だから、グラブやキャッチャー防具を着けて長い距離を走る練習も必要だ。僕が指導者になったら、選手の頭にビデオカメラを着けて、人によってどれくらい打球の追い方に違いがあるか、観察してみたい。

56 「打球から目を切る練習」「打球捕」はマスト

後方の打球を追うときのために、「目を切る」練習をしなくてはならない。打たれた瞬間、打球を真正面に置いてしまったら、打球の遠近感がつかめないので、絶対に自分で左右どちらかに置く。そこから目を切る。たとえば自分の右に打球を置いたら、一度打球から目を切って後方に走る。ある程度走って切り返したら、自分の右にある打球を見る。

外野手が上手くなるために、とにかく「打球を追う練習」をしなくてはいけないと僕は断言する。ノックも大事だが、本当の試合に近い状態、つまり**バッティング練習の「生きた打球」を捕るのに勝る練習はないと思う。すなわち「打球捕」である。**

スライスあり、ドライブあり、前後左右、思ってもみない変化をする。実際の打者のスイング、ミートの瞬間を見て打球を追う、捕る、送球態勢に入る。バッティング練習時の打球を捕ることの大切さは、小学生・中学生・高校生すべてに言える。

バッティング練習で「打球捕」をしているときに、打球が飛んでこないこともある。そんなときは「空捕り」をする。たとえば梅野隆太郎（阪神）は、おっつけてセカンドの頭上を越す打球が多い。打球が来なくても、それをイメージして「エア打球処理」をするのだ。これもいい練習になる。

57 ときには「後ろの打球だけ」「前の打球だけ」「内外野入れ替え」

僕はバッティング練習のときに定位置よりはるか前に守って、後ろの打球しか追わない練習をした。

目を切らずに追いかけて捕れる打球もあるが、目を切って追わない限り追いつけない打球もある。一目散に下がったときに自分のイメージしたところにボールを置けていれば対応できる。

後方の打球を捕る練習をするのであれば、いわゆる「腰切り」というものがある。ボールを後方にほおってもらい、腰を右に切ったり、左に切ったりしてボールを追う練習。腰切りがうまくできるか否かによって、後方の打球への対応の強い弱いが出てくる。

逆に「チャージ」の練習をしたいのなら、前方にゴロが飛んできたときだけ追いかける練習に専念する。

また、内野手と外野手を入れ替えて練習することもある。外野手に内野手の守りをさせることで、内野手の気持ち・感覚を知るという意義がある。

僕はもともとショートだが、改めて内野を守ることにより、「ショートスロー」や「捕ってから早く投げること」「内野手のステップ」の大切さを再認識することもある。逆もまたしかり。内野手が外野を守ることにより、「カバーリングの大切さ」「外野が最後の砦」であることを実感してくれる。

58 筋力トレーニングの必要性

ひと昔前は、野球選手は、「走り込みと野球の動きの中で鍛えればいい」という考えの人が多かったと思うが、筋力トレーニングはケガ予防のために必要だと思う。筋肉の鎧をまとうのだ。

さらに、もっと体を大きくしたいとか、もっと遠くに飛ばせるようにしたいとか、もっと強い球を投げられるようにしたいとか、ポテンシャルを上げるために筋力トレーニングはやはり必要だと思う。パワーから生まれる技術もあるのだ。

大谷翔平選手とか鈴木誠也選手を見ても、プロ入り時と比べてかなり体が大きくなっている。相当な筋力トレーニングをしていると思う。

59「走」のトレーニングを守備につなげる

僕は基本がすべて足だった。「走」から野球に入った人間なので、足を速くするためとか、俊敏性をつけるための練習、トレーニングは相当な量を行っていた。それが守備にも直結する。

野球では体力をつける以外、１００メートルなどのロング走はほとんど必要ない。直線距離なら塁間の約30メートルまで。１歩目のスタートのスピードにもつながると思っていたので、「ショートダッシュ」をとにかくたくさんやった。

盗塁も、守備も、最初の３歩目までの勝負だと思っている。**反応してからの1、2、3の間にどれだけスピードを上げられるか。**

30メートルのダッシュ。それを10メートル、20メートル、30メートルに刻む。10メートルなら5歩、30メートルなら13歩か14歩。

直径10メートルの円を描いてコーンを置く。ステップワークの練習。スタートだけに限らず、前後左右。5歩前に行って、その後5歩後ろに切り返し。前方斜め5歩、後方斜め5歩。大学のときから、この動きの練習はひたすらやった。

盗塁で言えばスタートや帰塁の動きであり、これは外野守備でも内野守備でもすごく効果があると思う。

60 高校出の外野手は、プロに行くべきなのか？

高校からプロ入りして、プロのスピードとパワーに自信喪失する選手もいる。**金属バットから木のバットに変わるのも大きな違いだ。**

僕の持論なのだが、高校でプロから注目されているのであれば、ピッチャーは絶対高卒で行くべきだ。なぜなら大学に行ったら中心投手で投げる分、肩の消耗がある。

野手の場合、高校野球の好打者にはインコースを攻めづらいから、どうしてもアウトコースを攻める。それを引っ張るから必然的に「アウトサイドイン」のスイングになってしまう。金属バットはそれでも飛ぶ。その恩恵を受けているアウトサイドインが染み込んでいるバッターは、大学で木製バットを経験してからのプロ入りでもいいと思う。

木製バットは、ミートしてボールをバットに乗せている時間が長くないと飛ばない。

村上宗隆選手（ヤクルト）は高校時代から見ているが、当時から懐が広くて、反対方向にも打てるタイプだった。

61 新庄さんの「2種類のステップ」の教え

新庄剛志さんは日本ハムの新監督就任会見を行った直後、テレビ番組で僕の単独インタビューに応じてくれた。そのとき**守備の送球に関して「ノーバウンドで投げるとき」「ワンバウンドで投げるとき」。２種類のステップを使い分けていたことを**、こと細かく説明してくれた。

バックホームでノーバウンドのダイレクト送球をするとき。強肩の外野手であれば、モーションが大きくなって、その分時間がかかっても、「強く速く投げる」ために右足を左足の後ろにクロスさせる。若干スローになる分、三塁コーチャーが二塁走者を本塁に突入させるので、走者を刺すチャンスが増えたと言っていた。

「捕ってから投げるまでの早さ」にこだわる僕は、これはほとんどやらなかった。クロスさせないで、右足を左足の前に出す。前にステップして投球動作に入っていくほうが絶対に一連の流れとしては早いからだ。新庄さんも早く投げなければいけないときは同じく右足が前。ランナーによって使い分けていたそうだ。

逆に僕も、右中間の打球のときは肩を入れるため、打球を捕った勢いで左回転したあと、右足を左足の後ろにクロスさせて強く速い送球を心がけた。

日本ハムの秋季キャンプで、新庄さんがワゴン車のルーフに登って長い棒を出しているシーンがあった。「この棒より低く投げろ」。だから目標地点をめがけて、あれよりも高くにしか投げられないのなら、絶対にダイレクト送球はダメだ。**超強肩の新庄さんをもってしても、やはり「高投」はいけないと言う。**カットマンがジャンプしてでも捕れる高さに投げることが絶対必要となってくる。

イチローさんもステップが遅いと言われることがあったが、強くて速い送球が必要なとき、新庄さんと同じステップを踏んでいたからだ。

ピッチャーがワインドアップから強くて速い投球をするため、投手板から（右投手の場合）左足を一歩引いて力を蓄えて投球モーションに入る。外野手が右足を左足の後ろにクロスさせるのは、要するにこの投手の準備動作と同じわけだ。

62「理にかなった」野球

多くの方がご存じの通り、新庄さんはああいうキャラクターなので「破天荒な野球」や「現代野球の進化版」を想像される方が多いと思うが、実に基本に忠実なオーソドックスな野球だ。「基本ができないとその次に進めないだろう」と言っていた。

「投手、打者、走塁、守備、4つのジャンルで特にどの部分に力を入れたいですか？」
「走塁だね。投手3、打者2、走塁5、守備3」
走塁だったら5に近づけられる。守備はいま1だから、いくら練習しても3にしかならない。「でも、僕が教えたら3に持っていける」。理にかなった説明だ。

阪神の守備力にも同じことが言えるのではないか。確かに4年連続リーグワーストではある。「ゴロを打たせる投手が多いから、その分、ゴロの打球の絶対数が多く、それに伴いエラーが多くなる」とネット記事にあった。守備機会を調べてみたら、ここ1、2年多少多い。ただ、大げさに言うほどではない。

しかし僕がそうだったが、藤川球児がマウンドに立ったときのように、たまにしか打球が飛んでこないほうが打球に対応しにくい。打球がよく飛んでくるほうが準備はできていて足が動くのでエラーは減ると思う。だから「ゴロ投手説」が正しいと一概には言い切れない。

マスコミがエラーに関して騒ぎすぎるから、意識過剰になってしまう。1人が10個も20個も減らそうと思うから無理がある。**1人1個で野手20人なら20個減る。**それでいいのではないか。

サードの大山悠輔にしても、19年130試合20エラーだったのが、20年108試合6エラー、21年123試合10エラーに激減している。19年のイメージだけがファンの頭にこびりついているかもしれない。

もっとも大山は捕球が上手くても送球に多少難があるから、大山ファースト、送球がいい佐藤輝明をサード。もう一案はマルテがファーストなら、佐藤輝明サード、大山外野。そのほうが現在よりベターだろう。

あとがき――足が遅くて、肩も弱い外野手。どこに活路を見出すか

俊足でも強肩でもない外野手は、どこに活路を見出せばいいか。全部がそろっている外野手なんてそういるものではない。

・打球がどこに飛んで来るかを予想して守備位置を考える「ポジショニング」。
・一歩目のスタートを速く切る。
・フライが飛んで来たら、ボールを斜め前方に置いて確実に捕る。
・捕ってから早く送球する。
・狙ったところに投げる精度、送球力を高める。「高投」はいけない。
・カバーリングをしっかりする。

何かしらに特化して、「これだけは他人に負けない」という武器をつくれば、外野守

備は面白くなる。

そして、この本が「外野手なんて簡単だ」と思い違いしている方たちの意識を変え、かつ外野手をやっているみんなの自信と誇りになってくれれば、僕の望外の喜びである。

２０２２年　球春到来前に　赤星憲広

赤星憲広（あかほし　のりひろ）

1976年4月10日生まれ、愛知県刈谷市出身。大府高校―亜細亜大学―JR東日本―阪神タイガース（2001〜09年）。JR東日本所属時の00年にシドニー五輪日本代表に選出され、同年のドラフトで阪神4位指名で入団。ルーキーの01年、当時の野村克也監督発案の「F1セブン」に名をつらね、新人歴代4位の39盗塁で、史上初の盗塁王と新人王、さらにゴールデングラブ賞も獲得。以降、05年まで5年連続盗塁王（セ・リーグ記録）、03〜05年には3年連続60個以上の盗塁を記録。名前にちなんだ「レッドスター」「赤い彗星」の愛称でファンに親しまれるが、度重なるケガの影響で09年に引退。現在は野球解説者やコメンテーターとして活躍。

【現役時代の主な成績】

●171センチ66キロ。右投げ左打ち
●通算9年＝1127試合1276安打、打率・295、3本塁打、215打点、381盗塁（史上9位）、盗塁王5度
●新人王、ベストナイン（03年・05年）、ゴールデングラブ賞6度

写真：朝日新聞社

中堅手論

著者 赤星憲広

2022年4月25日 初版発行

発行者 横内正昭
編集人 内田克弥
発行所 株式会社ワニブックス
〒150-8482
東京都渋谷区恵比寿4-4-9えびす大黒ビル
電話 03-5449-2711(代表)
03-5449-2734(編集部)

装丁 小口翔平+後藤司(tobufune)
フォーマット 橘田浩志(アティック)
構成 飯尾哲司
校正 東京出版サービスセンター
協力 オフィスSIC
編集 大井隆義(ワニブックス)

印刷所 凸版印刷株式会社
DTP 株式会社 三協美術
製本所 ナショナル製本

定価はカバーに表示してあります。
落丁本・乱丁本は小社管理部宛にお送りください。送料は小社負担にてお取替えいたします。ただし、古書店等で購入したものに関してはお取替えできません。

ISBN 978-4-8470-6672-6
ワニブックスHP http://www.wani.co.jp/
WANI BOOKOUT http://www.wanibookout.com/
WANI BOOKS NewsCrunch https://wanibooks-newscrunch.com/